Hans Tapper

# TRANCHIEREN

UND ANDERE ARBEITEN BEIM TISCH DES GASTES

Hans Tapper

# TRANCHIEREN

## UND ANDERE ARBEITEN BEIM TISCH DES GASTES

Mit 389 Farbfotos,
davon 330 Schritt-für-Schritt-Fotos,
und detaillierten Arbeitsbeschreibungen
von 68 Objekten

Hugo Matthaes Druckerei und Verlag
GmbH & Co. KG

ISBN 3-87516-644-2

*Für die Zubereitung der Speisen und für die Aufnahmen wurden freundlicherweise von Herrn Diakon Werner Fuchs die Räume des Christlichen Dienstes für das Gastgewerbe (CDfG), Frankfurt a. M., zur Verfügung gestellt.*
*Bei Herrn Steffen Legler bedanke ich mich für die Arbeit in der Küche.*
*Mein Dank gilt auch den Kolleginnen und Kollegen, die mir mit Rat und Tat zur Seite standen.*

*Folgende Firmen stellten freundlicherweise Material zur Verfügung:*
*Werner Kohn GmbH, Sulzbach; Lorey Großküchen-Center, Dreieich-Sprendlingen; Porzellanfabrik Hutschenreuther, Selb; Shamrock Delikatessenimport, Mainz; Spring GmbH, Konstanz; Württembergische Metallwarenfabrik WMF, Geislingen.*

Fotos: Studio Tessmann, Frankfurt a. M., Seiten 171 bis 173 Schweizer Käseunion
Umschlagfoto: Karin Weishaupt, Stuttgart

Printed in Germany
Herstellung einschließlich Reproduktionen: Hugo Matthaes Druckerei und Verlag GmbH & Co. KG

# Zum Geleit

1979 gründete Hans Tapper mit einigen engagierten Kollegen den Verband der Serviermeister und Restaurantfachleute – heute Verband der Serviermeister, Restaurant- und Hotelfachkräfte e. V. Er war sechs Jahre Präsident dieses Verbandes und ist heute Ehrenpräsident.

Service in seiner klassischen Form war und ist ein großes Anliegen von Hans Tapper. Er sieht seine Aufgabe im Erhalt und in der Einhaltung der Servierregeln, um damit den kulturellen Anspruch des Berufes zu erhalten und zu erneuern.

Besonders in unserer hektischen Zeit ist es wichtig, der Abschaffung von Servieraufgaben entgegenzuarbeiten. Es ist nicht damit getan, das Besteck und die Gläser auf dem Tisch richtig zu plazieren. Die Schwierigkeit beginnt mit der Arbeit *beim* Tisch, und hier zeigt sich die erfahrene Fachkraft, der wahre Könner.

Hans Tapper hat in Wort und Bild das schwierige Kapitel des Tranchierens so ausführlich und klar dargestellt, daß diese durchaus anspruchsvolle Tätigkeit nach einiger Übung von jeder Fachkraft im Restaurant nachvollzogen werden kann.

Dem Buch wünsche ich eine breite Resonanz und hoffe, daß mit seiner Verbreitung dem Tranchieren und damit dem klassischen Service nicht nur Freunde, sondern neue Könner gewonnen werden.

Anke Richter

Präsidentin des Verbandes der Serviermeister,
Restaurant- und Hotelfachkräfte e. V.

Als Präsident der Gastronomischen Akademie Deutschlands freue ich mich, daß ein Fachmann aus den eigenen Reihen die Initiative zu diesem Buch ergriff. Und von Hans Tapper läßt sich leicht der Bogen zu den Anfängen der Akademie schlagen: Walter Bikkel, Ideenträger und Gründer der GAD, veröffentlichte schon 1956 im Matthaes Verlag sein Buch mit dem Titel „Tranchieren, Kochen, Flambieren am Tisch des Gastes".

1993 gab die GAD „Regeln für das Servieren von Speisen und Getränken" heraus. Mitinitiator und maßgeblich an der Ausarbeitung beteiligt war Hans Tapper. Die Regeln stellten schon nach kurzer Zeit im Ausbildungswesen eine anerkannte Grundlage dar. Der Autor übernahm sie selbstverständlich in dieses Buch.

Hans Tapper ist mir aber nicht nur als herausragender Fachmann bekannt. Seit langer Zeit verbindet uns schon eine persönliche Freundschaft. Vor der Gründung des VSR gehörten dazu viele Gespräche über die Branche im allgemeinen, den richtigen Weg einer zukünftigen Verbandsarbeit und das Berufsbild der Restaurantfachkraft. Aus diesen Gesprächen bleibt nach wie vor aktuell, daß Rationalisierung und gedankenlose Restaurantkonzepte zu einem Rückgang der qualifizierten Arbeit am Tisch des Gastes führen. Und werden aus dieser Sicht die Berufspräsentationen z. B. auf Messen nicht manchmal „wohlwollend belächelt"? – Doch hier wird die Rechnung ohne den Gast gemacht! Wirtschaftlich schwierige Zeiten zwingen schnell zu einer Rückbesinnung darauf, daß guter oder schlechter Service ganz entscheidend den Ruf des Hauses prägen. Die beste Küche allein macht keinen Gast zum Stammgast. Das Buch von Hans Tapper erscheint aus dieser Sicht im richtigen Augenblick.

Jürgen Klaffke

Geschäftsführer Steigenberger Hotelberufsfachschule
Bad Reichenhall
Präsident der Gastronomischen Akademie
Deutschlands e. V.

# Inhaltsverzeichnis

# Einführung
# Historie

# Einführung

*Das Dienen bei Tische und die Kunst des Tranchierens*

*Das Mittelalter*

Das Gastrecht und die Verpflichtung des Gastgebers gegenüber dem Gast war für die höfische Kultur des Mittelalters von grundlegender Bedeutung. Fest eingebunden in die Hofzuchten und Regeln des Ritterstandes war das Zeremoniell der festlichen Mahlzeiten. So berichtet z. B. Heinrich von Türlin um 1215 von folgendem zeremoniellem Aufzug:

„Zuerst kamen zwanzig Kämmerer, Edelknappen, von feinem Benehmen und großem Anstand. Sie trugen Becken zum Händewaschen und Handtücher. Ihnen folgten zahlreiche Diener mit Kerzen, so daß der Saal taghell erleuchtet wurde. Dann kamen dreißig Fiedler zusammen mit einer Schar Sänger, die viele feine Melodien kannten und die Festgesellschaft während des Essens unterhalten sollten.

Kurz darauf traten die Sänger mit den Weinkannen in den Saal und schließlich, in langer Reihe, die Truchsessen mit dem Essen" (vgl. Joachim Bumke: Höfische Kultur, München 1986, Bd. 1, S. 254).

Es gab auch Vorschneider und Speisemeister, deren Aufgabe es war, die Speisen am Tisch in mundgerechte Stücke zu zerlegen, so daß beim Essen kein weiteres Besteck nötig war. Im Parzival des Wolfram von Eschenbach (ca. 1170 bis ca. 1220) finden wir ein Beispiel hierfür: „Jedem Tisch waren vier Knappen zugeordnet; zwei knieten und schnitten die Speisen vor; die anderen trugen die Speisen und Getränke herbei und bedienten die Gäste" (S. 237, Vers 17–20; Übersetzung von Dieter Kühn).

Bei besonders feierlichen Anlässen war es der hohe Adel selbst, der die Bedienung bei Tisch übernahm. Joachim Bumke (Höfische Kultur, München 1986, Bd. 1., S. 256) führt als Beispiel hierfür den Bericht Arnolds von Lübeck zum Mainzer Hoffest des Kaisers Friedrich Barbarossa im Jahr 1184 an, bei dem 20 000 Ritter bewirtet wurden und das von den Chronisten als das größte Ereignis aller Zeiten beschrieben wurde. Arnold von Lübeck berichtet, daß „die Ämter des Truchsessen, des Schenken, des Kämmerers und des Marschalks nur von Königen, Herzögen und Markgrafen verwaltet wurden".

Die Ausbildung eines Knappen zum Ritter begann mit der Zeit als Page, sie umfaßte neben dem Erlernen des Kriegshandwerks die Galanterie und das Benehmen bei Tisch, das Bedienen der Edelleute und vor allem die Kunst des Tranchierens.

Die Kunst der Gästebewirtung, insbesondere auch das Tranchieren des zubereiteten Fleisches vor den Gästen hatte also einen sehr hohen Stellenwert im Mittelalter. Im Laufe der nächsten Jahrhunderte verblaßte der Stern des Rittertums.

*Die Renaissance*

Die Renaissance brachte Veränderungen in der Gesellschaft mit sich. Die prunkvollen Gelage, die Sitten und Bräuche des Adels wurden immer mehr vom reichen Großbürgertum übernommen.

So heißt es in einem Tranchierbuch von 1650:

„Weil des Tricianten Ampt an Fürstlichen Höfen nit das geringste, sondern unter die Fürnembsten gerechnet wird, so soll derselbe entweder vom Adel oder sonsten guten Herkommens, grades und wohlproportioniertes Leibes, guten graden Armen und leichten Händen sein.

Er soll sich in seinem ganzen Vorschneiden grosser motionen und der unnützen und närrischen Ceremonien ... enthalten und ja zusehen, daß er unerschrokken sey, damit er durch zittern des Leibes und Hände nicht Unehre einlege und weil ohne das denen so an Fürstlichen Tafeln sein nicht wohl anstehe" (New vermehrtes Trincier-Büchlein, Rinteln 1650, zitiert nach Norbert Elias: Über den Prozeß der Zivilisation, Frankfurt a. M. 1976, Bd. 1, S. 160). Die Zeremonie wurde verfeinert, indem der sich im Prozeß der Zivilisation komplexer werdenden Selbstkontrolle auferlegt wurde, Übertreibungen zu vermeiden.

Das Zerlegen und Anstellen bei Tisch war eine dem Herren des Hauses oder angesehenen Gästen vorbehaltene Ehre (vgl. Norbert Elias, ebd.).

Eine Tischzucht für Knaben aus dem Jahr 1645 war noch für Karl Friedrich von Rumohr so aktuell, daß er sie in seinem Buch „Vom Geist der Kochkunst" (hier zitiert aus der Ausgabe 1922, S. 279 ff.) ausführlich anführte:

### Wie ein Knabe zum Tische sich anschicken und denselben bereiten soll.

„Ehe du zu Tische sitzest, so bereite und ordne vorhin alle Dinge; nämlich Wasser, Wein, Bier usw., wasche und säubere die Trinkgeschirre, lege das Tischtuch auf, desgleichen Messer, Salzfaß, Teller, Löffel, Brot, welches du, wo es verbrannt wäre und Asche, Kohlen oder etwas Unsauberes an sich hätte, fein beschneiden und auf die Teller teilen sollt.

„Mit solcher Ordnung hebe den Tisch wiederum ab, so man gegessen hat; erstlich die Teller usw., letzlich das Tischtuch, welches du in ein gewöhnlich Körblein ausschütten sollt, und, so was Gutes vorhanden, es herauslesen, damit es entweder Menschen oder Vieh zu gut komme und nicht verderbe.

„Ehe sich die Gäste zu Tisch setzen, sollt du mit gefalteten Händen fein langsam und mit klarer Stimme das benedicite sprechen, nämlich: das Aller Augen, Vater unser und Herre Gott himmlischer Vater usw., wie solches Alles in D. Lutheri Katechismo fein beschrieben steht."

### Wie ein Knab, wenn er zu Tische dienet, sich verhalten soll.

„Erstlich sollt du aufrecht stehen, und mit zusammengefügten Füßen sorgfältiglich aufmerken, damit nichts mangele, abgehe oder gebreche, es sei an Brot, Tellern, Löffeln, Salz oder andern Stücken. Und, so du einschenkest, oder darreichst oder aufsetzest, tu' dasselbige vernünftig, bescheidentlich, langsam, damit du nichts verschüttest.

„Unterrede denen nicht, die da miteinander reden; darfst auch nicht eben mit aufgesperrtem Maule auf die Worte Achtung haben; denn es geht dir darum doch nichts ab, wenn du es schon nicht weißt. Hab' hingegen allein deiner Sachen acht, und laß dich davon nicht abwenden, vielmehr tue, was dir befohlen ist, und meide die Dinge, welche dich nichts angehen.

„Wenn du aber gefragt wirst, so antworte kurz. Bei Nacht aber putze das Licht mit guter Art, und sieh fleißig zu, daß du mit dem Gestanke der Lichtputze niemand beleidigst, auch verhüte, daß du das Licht nicht gar auslöschest. Von dem aber, welches man aufhebt oder aufbehalten soll, nasche du nichts, stecke auch nichts zu dir, wie etliche Tellerlecker zu Hofe im Brauch haben, denn dasselbige stehet übel und bringet endlich böse Frucht.

„Wenn man nu gegessen hat, und alles aufgehoben ist, soll man auch des Gebetes und der Danksagung nicht vergessen."

### Wie ein Knab sich verhalten soll, wenn er mit zu Tische sitzt.

„So du selbst mit zu Tische sitzest, so halte dich in Sitten nach dieser Ordnung. Zuallerletzt schneide deine Nägel ab, daß sie nicht scheinen, als ob sie mit Sammet verbrämet wären, wasche die Hände und setze dich züchtig nieder. Sitze aufrecht, und sei nicht der erste, in die Schüssel zu langen. Schlürfe die Speise, etwa die Suppe, nicht hinein, wie ein Schwein; blase die Kost auch nicht, daß es allenthalben umher spritze. Schnaube nicht, wie ein Igel; trink' auch nicht zum ersten; sei mäßig und meide die Trunkenheit. Trink' und iß so viel, als dir not ist; darüber getan, gebieret Krankheit. Wenn nun jedermann in die Schüssel gegriffen hat, so greife zuletzt auch hinein.

„Deine Hände müssen nicht lange auf dem Teller liegen. Schlenkere auch nicht mit den Füßen hin und her unter dem Tische, wie ein Leinweber.

„So du trinkest, säubere die Lefzen nicht mit der Hand, sondern mit einem Tüchlein. Trinke auch nicht, weilend du die Speise noch im Munde hast. Das Angebissene tunke nicht wieder in die Schüssel. Lecke die Finger nicht ab, auch benage kein Bein, sondern schneide mit dem Messer davon, was du essen willt.

„Stöchere die Zähne nicht mit dem Messer, sondern mit dem Zahnstocher oder Federkiel; denn von dem Messer rosten die Zähne, wie das Eisen vom Wasser. Halte jedoch die eine Hand vor den Mund, wenn du solches tust. Das Brot schneide nicht vor der Brust. Iß, was zunächst vor dir liegt, und greife nicht an einen andern Ort; drehe auch die Schüssel nicht herum, daß vor dir komme, was dir gefällig ist.

„So du Fleisch willt vorlegen, oder Fisch, so tue es mit dem Messer und nicht mit den Fingern, wie heutigen Tages etliche Nationen gewohnt sind.

„Schmatze nicht wie eine Sau über dem Essen. Dieweil du issest, kratze dein Haupt nicht. Fege auch nicht an der Nase.

„Du sollst auch nicht zugleich essen und reden, denn solches ist bäuerisch.

„Oft niesen, sich schneuzen und Husten stehet nicht wohl an.

„Wenn du ein Ei issest, so schneide zuvor das Brot. Mache die Brocken nicht zu groß oder lang. Sieh darauf, daß dir nichts daneben abrinne, und iß es bald. Die Eierschalen zerbrich nicht; lege sie wieder in die Schüssel, und während du am Ei issest, trinke nicht darein.

„Mache das Tischtuch oder das Wammes nicht unsauber. Mache auch nicht um deinen Teller von Beinen, Brotrinden und dergleichen eine Schütte herum, wie die Schatzgräber.

„Wirf auch nicht die Beine unter den Tisch, damit von den Hunden kein Scharmützel entstehe, und die Beisitzende darob eine Unlust empfänden. So du gegessen hast, wasche deine Hände und das Angesicht, spüle den Mund aus, und sage Gott für seine väterliche Wohltat Lob und Dank."

In der illustrierten Halbmonatsschrift „Kochkunst und Tafelwesen", die das offizielle Organ des historischen Kochkunstmuseums in Frankfurt am Main war, wurden am 1. Juli 1913 (15. Jahrgang, Heft Nr. 13) unter dem Titel „Die Kunst des Zerlegens oder Tranchierens im 17. Jahrhundert" das Tranchieren betreffende Ausschnitte eines Werkes aus dem Jahr 1676, das den Titel „Haus-Feld-Arzney-Koch-Kunst- und Wunder-Buch" hatte, wiederveröffentlicht. Herr Walter Schwarz, der sich sehr um den Wiederaufbau des Kochkunstmuseums in Frankfurt verdient macht, stellte mir den noch vorhandenen Teil des Artikels zur Verfügung.

# Die Kunst des Zerlegens oder Tranchierens im 17. Jahrhundert.

In der Bibliothek unseres Kochkunst-Museums befindet sich ein Werk aus dem Jahre 1676, das den Titel führt: Haus-Feld-Arzney-Koch-Kunst- und Wunder-Buch. In diesem Buch ist das Tranchieren bereits mit solch liebevoller Sorgfalt beschrieben, daß wir uns veranlaßt sehen, nachstehend einige Tafeln daraus mit den zugehörigen Beschreibungen zu reproduzieren.

## Das Erste Capitel.

### Von nothwendiger Zugehör und Vorbereitung eines Trenchirers.

DIe Geschicklichkeit / so insgemein das Vorschneiden genennet wird / ist fast eine Ubung aller Höflichkeiten / so irgend eine Person zieren mögen / darum dann solche allermeist von Hofleuten erlernet wird / und denenselben fast nöthig ist. Ja es hat solche noch mehr Art / wann sie von einem sittsamen Frauen-Zimmer geübet wird. Im übrigen aber ist / wie sonst keine Tugend / also insonderheit auch der Wolstand der Zerglieder-Kunst / denen mit nichten versaget / die von ansehnlicher Statur / wol-formirten Gesichte / höflichen Gebärden / und von angeborner Freundlichkeit seynd: massen über Anschauen eines solchen / der mit dem Leibe gekrümmet stehet / im Stehen sich bald auf diese / bald auf jene Seiten lenket / oder sonsten mit Maul-Krümmen und Gesicht-Verstellen / selzame Minen und Posituren machet 2c. denen an der Tafel eher ein Verdruß / als Belieben zur Speise erwachsen kan.

Und weil dann diese Ubung durch hurtige Bewegung derer Arme und Hände verrichtet wird / so werden hiebenebenst von dem Vorschneider / ausser einem geraden und wol-proportionirten Leibe / wolgezierten Kleidung und aller Unerschrockenheit / besonders gute gerade Arme / leichte und wolgestalte Hände erfordert / damit er durch Unvorsichtigkeit / Zittern deß Leibes und der Hände / welches gemeiniglich bey einem furchtsamen Gemüte sich zu befinden pfleget / nicht etwa einige Unehr und Schimpff einlege. So kan man auch / wann man die Arme an sich hält / nicht so bequem schneiden / als wann sie frey von den Leibe seynd / da es einem nicht so sauer wird.

Vom Unterschied der Messer und Gabel / kan man die allhier befindliche Figur besehen / und gehören zum Vorlegen eigentlich fünff Gabeln und vier Messer / die erste / welche besser ist / wann sie nicht gleich-lange Spitzen hat / gebraucht man zum Haasen und Rehe-Rücken / und gehöret eigentlich das Messer N. 1. darzu. Mit der Gabel N. 2. und Messer N. 1. wird der welsche Hahn / Auer-Han / Hammelquall / Gans / und andere grosse Sachen vorgeschnitten. Mit der Gabel N. 3. oder 4. und Messer N. 2. wird das Fleisch / so in der Suppen ligt / item Capaunen / gesottene und gebratene Hüner / Endten / und dergleichen schwehre und grosse Sachen zerlegt. Mit der vierdten oder dritten Gabel / und nach Gelegenheit anderm Messer / werden Reb-Hüner / Junge Hüner und Täublein / und

Kochkunst und Tafelwesen. Heft 13. 1913.

alles andere klein Geflügel trinchiret / und letzlich wird die kleineste Gabel und Messer zum Obst gebraucht. N. 6. das Credenz-Messer / mit welchem / so etwas von Brosamen / oder sonsten auf dem Tafel-Tuch wäre / abgenommen / und die Fische / so in Suppen gesotten und allbereit zerschnitten / vorgelegt werden. N. 7. der Eyerhalter. N. 8. der Mark-Pfrieme / N. 9. Mark-Löpflein. N. 10. Ostrien-Messerlein und N. 11. der Wetzstahl.

## Das Ander Capitel.

### Von Zergliederung der Speisen / und zwar derselben erster Abtheilung / nemlich vom Geflügel / als jungem Hun / jungen Tauben / Schnepffen / Wachteln / und Krieck-Endtlein / auch Krammets-Vögeln.

WEil diese Stücke klein / dafern sie nicht andern grössern Braten beygeleget würden / ist besser / dieselben vom Hals bis zum Steuß / in die Helffte zu zertheilen / oder / so sie etwas grösser und gefüllet / noch ein Queer-Schnitt gethan werde / daß vier Stücke daraus kommen / oder aber vom rechten Flügel / bis zum linken Schenkel / und vom linken Flügel bis zum rechten Schenkel einen Creutz-Schnitt / und wieder einen in die Queer / daß es sechs Stücke werden / so den andern Braten beyzulegen. Nach Anleitung Anderer / mehrere zu machen / stehet mehr närrisch als künstlich. Mit den Wachteln und Krammets-Vögeln pfleget man es so zu machen / daß man derer drey oder vier Stücke vornen an zugleich auf die Gabel stecke / die Gabel alsdann mit der Spitzen auf die Schüssel lege / und dann von oben bis unten dieselbe mit einem langen Schnitt halbire und sodann jedweder Person dessen ein Theil überreiche. Damit aber nicht ein Stuck hie hin / das ander dorthin falle / thut man solchen Schnitt zwischen beyden Spitzen der Gabel / so behält jede Spitze ihre Theile / welche dann mit dem Messer können abgestrichen werden. Sonsten ist es hier / nach dem gemeinen Sprichwort / am besten: Ein Mann einen Vogel. Wollte man aber von den Tauben / jungen Hünern und Schnepffen / im Vorlegen / zween Flügel / und sodann wiederum zween Schenkel vergesellen / voraus / so man Nachricht hätte / daß diesem eher die Flügel / jenem eher die Schenkel beliebten / könnte man es so machen.

| | | |
|---|---|---|
| 1. Den Hals ab. | | 1. Den Hals ab. |
| 2. Den rechten Schenkel. | | 2. Den linken Flügel. |
| 3. Den linken Flügel. | | 3. Den rechten Schenkel. |
| 4. Den linken Schenkel. | | 4. Den rechten Flügel. |
| 5. Den rechten Flügel. | oder | 5. Den linken Schenkel. |
| 6. Den Steuß gespalten / andere thun hinzu. | | 6. Das Ziehe-Beinlein. |
| 7. Das Zieh-Beinlein ab. | | 7. Den Steuß gespalten. |
| 8. Die Achsel-Beinlein. | | 8. Das Achsel-Beinlein. |

Item:

1. Den Hals abgeschnitten.
2. Den linken Flügel.
3. Den rechten Flügel bis zum Schenkel.
4. Gewendet / und den Steuß gespalten / bis mitten an die Gabel.

Noch zur Lust könnte man die kleinen Vögel also auch zerschneiden / aber die Stücke doch beysammen lassen. 1. Den Hals. 2. Die Schnitte und Contra-Schnitte bey den Flügeln. 3. Ebenso bey den Schenkeln und ausgebogen. 4. Das Ziehe-Beinlein in die Höhe geleget. 5. Die Brust gelöset / und dann solches auf der Gabel übergeben.

### Die Vorlegung.

Ist hie nicht zu sonderlich / doch gehen die Flügel denen Schenkeln / und die Schenkel denen Brust-Stucken / solche aber dem Rumpff vor.

## Das Dritte Capitel.

### Vom gebratenen Hun in seiner völligen Grösse.

DAs Improchiren und Aufheben ist hiebey also: Erst muß die Schüssel / darinnen das Hun lieget / zur linken Seiten stehen / dann zur rechten ist es unbequem / so aber / daß der Hals nach der rechten / und der Steuß nach der linken Hand zuliege / und also die Schüssel zu stehen komme / welche darnach kan gedrehet werden; Dann stecket man das Messer in den Hals / daß dessen Rücken in die Höhe / und die Schneide abwerts kommt / auf welche Manier das Hun gehalten wird / daß man darauf auch mit der Gabel an den Steuß setzen könne / das Hun umzuwenden / daß es auf die Brust zu

p: 1048.

liegen kommt; Alsdann improchirt man die Gabel durch den Rücken / daß die Spitze gegen das Ziehe-Beinlein etwas schräg eingehe / und das Brust-Bein mit halte / (dann so kan man einen starken Schnitt und Gegenhalt thun) aber nicht durch das Brust-Fleisch komme / und von denen anwesenden könne gesehen werden / dann dieses Bäuerisch und schändlich stehet / und kan man dieser sicheren Art zu improchiren auch im andern Geflügel / nach Gelegenheit / gebrauchen.

1. Den Hals / so länglicht hinten aus dem Rücken liegt / abgestossen / und abgeschnitten / oder gelöset.
2. Den Ober-Schnitt am rechten Flügel.
3. Den Ober-Schnitt am rechten Schenkel.
4. Den Contra-Schnitt am rechten Flügel.
5. Den Contra-Schnitt am rechten Schenkel.
6. Den Ober-Schnitt am linken Flügel.
7. Den Ober-Schnitt am selben Schenkel.
8. Den Contra-Schnitt am linken Flügel.
9. Den Contra-Schnitt am Schenkel / und abermals diese Stücke abgedruckt.
10. Das Zieh-Beinlein abgelöset.
11. Die Brust an der recht- und linken Seiten.
12. Das recht und linke Achsel-Bein ausgehoben.
13. Den Steuß auf beyden Seiten gespalten.
14. Die Rippen entzwey / und das Brüstlein von der Gabel; Letzlich den Rumpff zertheilet.

## Vorlegung.

Die Austheilung soll also geschehen / daß von den vornehmsten Bissen / zu förderst dem Vornehmsten / und dann so nach und nach denen andern gegeben werde. Man soll aber niemals alles vorlegen / sondern zum wenigsten ein Stuck in der Schüssel lassen / zuvor aber / ehe man anfängt vorzulegen / ordnet man die zerschnittene Stück in der Schüssel auf den Rand / damit / man jedes Stück alsbald erkennen / ungehindert wegnehmen / und nicht ruhen dürffe; Dann das Wühlen und Suchen ist ein grosser Ubelstand. Wäre aber die Schüssel also / daß sie keinen Rand hätte / kan man die abgeschnittenen Stücke beynebenst der Schüssel auf einen Teller legen. Die Ordnung aber der Stücke im Vorlegen ist diese: 1. Die Spalt-Schnitte vom Steuß / und jedwederm etwas von der Brust. 2. Die Flügeln einen nach dem andern. 3. Die Schenkel einen nach dem andern; Wann aber die Klauen daran verbrannt / werden sie zuvor abgelöset / ehe man vorschneidet / und von der Tafel gegeben. 4. Das Ziehe-Beinlein / welches mit einem Stücklein Fleisch abgeschnitten seyn soll / nebenst dem Achsel-Beinlein. 5. Und letzlich der zerhauene Rumpff.

# Das Fünfte Capitel.

## Das Reb-Hun auf zweyerley Art.

Das Aufheben geschicht wie am gebratenen Hun gezeiget worden; Wann derohalben derer Rebhüner viele seynd / und keines deroselben ganz soll präsentiret werden / so kan man

1. Den Hals ablösen.
2. Den Ober- und Contra-Schnitt am rechten Flügel.
3. Den Ober- und Contra-Schnitt am rechten Schenkel.
4. Den Ober- und Contra-Schnitt am linken Flügel.
5. So dann auch am linken Schenkel.
6. Das Zieh-Beinlein abgelöset / und das Achsel-Beinlein ausgehoben.
7. Dann die Ribben entzwey auf der rechten und linken Seiten / damit das Brust-Fleisch auf dem Brust-Bein verbleibe.
8. Stosset die Brust von der Gabel / und zertheilet den Rumpf.

## Vorlegung.

Präsentiret dem Vornehmsten an der Tafel die Brust. 2. Beyde Flügel zugleich. 3. Die Schenkel. 4. Den Rumpff.

## Eine andere Art / daß es aneinander hängen bleibet.

1. Thut einen Schnitt an den Hals auf der rechten Seiten / und lasset ihn hängen. 2. Löset den halben Flügel mit dem Contra-Schnitt auf der rechten / und so auch an der linken Seiten / also daß die Gelenke ganz herunter ausgeschnitten / und die Flügel an den Nerven hangend gelassen werden. 3. Thut den Ober- und Contra-Schnitt am rechten Schenkel / solcher wird aber nicht ganz abgebogen / sondern bleibet hangen in den Gelenken. 4. Verfahret gleicher Gestalt mit dem linken Schenkel. 5. Thut einen Schnitt in den Steuß. 6. Das Ziehe-Beinlein beuget über / doch daß es hangen bleibe. 7. Machet auf der rechten Brust einen Contra- und auf der linken Brust einen Ober-Schnitt / doch daß in den Seiten das Fleisch an der Haut hangen bleibe. 8. Hebet die Achsel-Beinlein / daran aber die Flügel fest hangen bleiben müssen; Alsdann leget es mit einer besondern Wendung / so besser zu

weisen / als zu beschreiben ist / auf den Teller / übergebt solches dem Vornehmsten / der ihme davon nimmt / und also den andern übergibt.

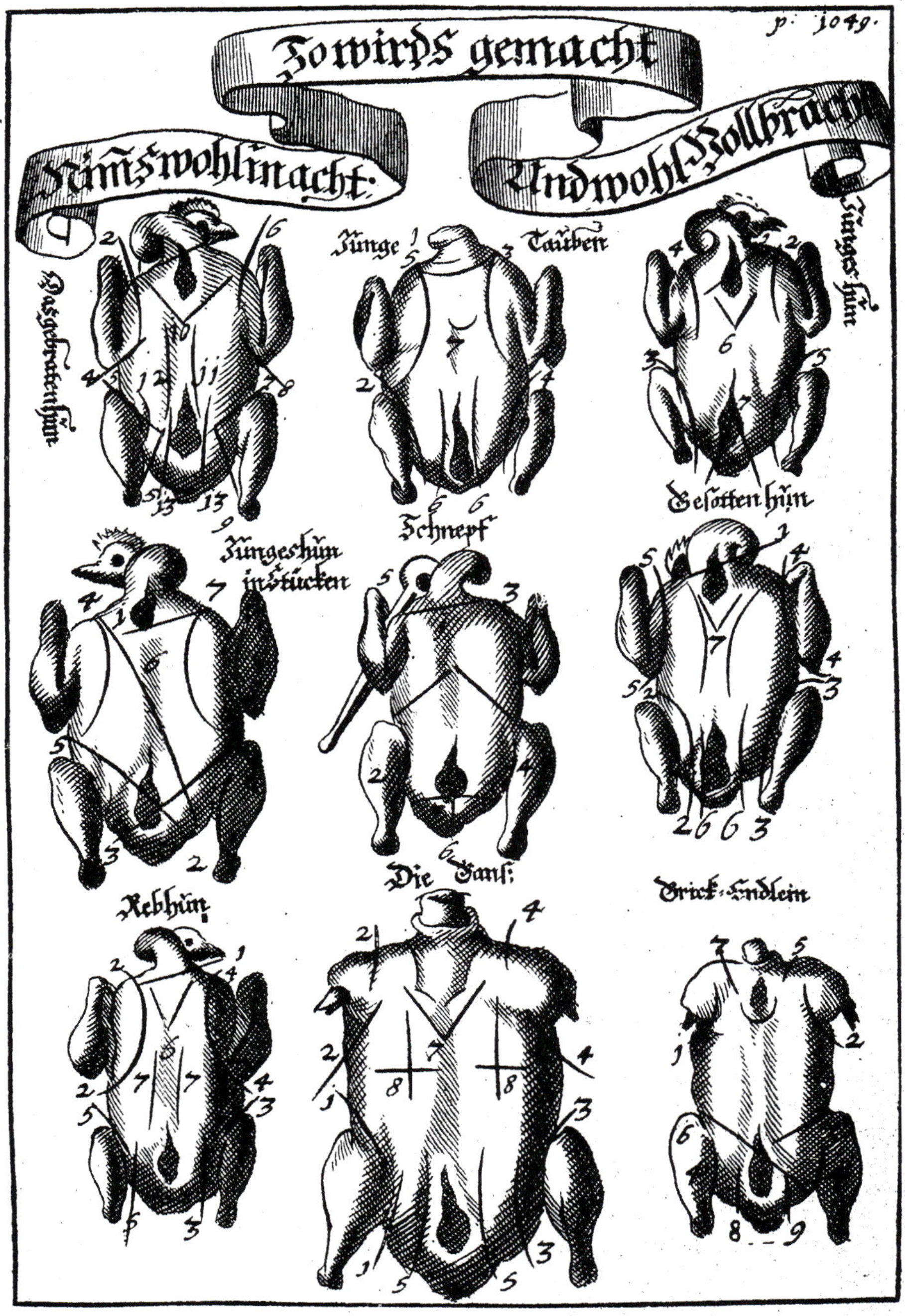


## Das Sechste Capitel.

### Junges Hun in vier Stücken.

ERstlich löset den Hals. 2. Spaltet den Steuß bis in die Mitten deß Stückes. 3. Schneidet an der linken Seiten mit dem Fuß das ganze Theil hinweg. 4. Auf der rechten auch also. Spaltet von oben durch die Gabel das übrige vollends entzwey.

### Oder in zwey Stuck.

1. Löset den rechten Schenkel / und lasset ihn henken. 2. Den rechten Flügel. 3. Den linken Schenkel. 4. Den linken Flügel. 5. Spaltet es halb von unten auf. 6. Schneidet es von oben durch die Gabel vollends entzwey.

### Oder:

1. Löset den Hals ab. 2. Den linken Flügel. 3. Das Ober-Gelenk am rechten Schenkel. 4. Den Ober- und Contra-Schnitt am selben. 5. Löset das Gelenk am linken Schenkel. 6. Den Ober- und Contra-Schnitt am selben. 7. Löset den rechten Flügel. 8. Thut den Ober-Schnitt an demselben. 9. Löset das Hals-Beinlein.

### Oder:

1. Löset den Hals. 2. Schneidet an der linken Seiten von dem Flügel bis zu dem Schenkel. 3. Auf der rechten auch also. 4. Spaltet das Stück vom Steuß bis oben an die Gabel.

## Das siebende Capitel.

### Wie der Schnepff zerschnitten wird.

ERstlich löset den Hals ab. 2. Den rechten Schenkel. 3. Den linken Flügel. 4. Den linken Schenkel. 5. Den rechten Flügel. 6. Spaltet den Steuß. 7. Thut den Ober-Schnitt am selben. 8. Den Gegen-Schnitt am rechten. 9. Den Gegen-Schnitt am linken.

## Das Achte Capitel.

### Von der Gans.

SChneidet erstlich den Steuß auf / und nehmet das Messer zu der Gabel in die linke Hand / und thut mit einem Löffel das Gefüllte heraus / so es aber nur Beyfuß / kan hiezu eine absonderliche Gabel genommen werden; Wann also das Corpus seiner Beschwehrde entbunden / alsdann thut

1. Den Ober- und Contra-Schnitt am rechten Schenkel. 2. Gleicher Gestalt am rechten Flügel. 3. Den Ober- und Contra-Schnitt am linken Schenkel. 4. So auch an dem linken Flügel. 5. Spaltet den Steuß auf der rechten und linken Seiten. 6. Das recht und linke Achselbein ausgehoben / wobey zu merken / daß die Gans ihre Achselbeinlein weit aussen stehend hat. 7. Löset das Ziehe-Beinlein. 8. Thut an der rechten Brust einen Creutz-Schnitt / und löset sie / so auch an der linken Seiten. Es können auch hie runde Mond- oder Schinken-Schnitte gethan worden. 9. Stosset auf beyden Seiten entzwey. 10. Thut das Brustbein von der Gabel / und zertheilet den Rumpff.

### Vorlegung.

1. Die Spalt-Schnitte vom Steuß / einen Theil nach dem andern. 2. Die Schenkel / einen nach dem andern. Sind aber viel Personen zu betheilen / so werden auch noch die Schenkel zertheilet oder gespalten / wie beym welschen Han soll gewiesen werden / und werden alsdann die obern Stücke nacheinander vorgeleget. Die Keulen aber bis zu letzt gespahret. 3. Die Flügel / einen nach dem andern. 4. Das Brust-Fleisch betheilet auch etliche Teller. 5. Der Rumpff gibt zween Teller / dazu könnte die weiche Haut / so vom Steuß geschnitten / gelegt werden. 6. Alsdann das Ziehe-Beinlein. Bey jedem Teller etwas vom Gefüllten. So auch mit der wilden Gans / nur daß die Schenkel nicht zertheilet werden.

## Das Neundte Capitel.

### Von dem Grück-Endtlein.

ERstlich thut den Gegen-Schnitt am linken. 2. Am rechten Flügel. 3. Den Ober-Schnitt. 4. Den Gegen-Schnitt am rechten Schenkel. 5. Löset den rechten Flügel. 6. Machet den Ober-Schnitt am linken Schenkel. 7. Löset den linken Flügel. 8. Spaltet den Steuß. 9. Thut den Ober-Schnitt an selbem.

*Die Goethezeit*

Das 18. Jahrhundert brachte das europäische Porzellan. Kaffee, Tee und Schokolade eroberten die Tafeln. Der Wechsel vom 18. zum 19. Jahrhundert brachte nicht zuletzt durch die Französische Revolution Veränderungen auch im Gastgewerbe mit sich.

Johann Wolfgang von Goethe läßt in seinem Roman „Wilhelm Meisters Wanderjahre" (Erstes Buch, sechstes Kapitel) den Oheim die Auffassung vertreten, „keine Erfindung des Jahrhunderts verdiene mehr Bewunderung, als daß man in den Gasthäusern an besonderen kleinen Tischen nach der Karte speisen könne". Goethe weist im gleichen Buch zweimal auf diese Errungenschaft hin. Man kann daraus ermessen, welche Bedeutung dies für ihn hatte. Daß er ein gekonnter und umsichtiger Gastgeber war, belegen die folgenden Zitate:

1796 schrieb Caroline Schlegel an Luise Gotter:

„Goethe gab ein allerliebstes Diner, sehr nett, ohne Überladung, legte alles selbst vor, und so gewandt, daß er immer noch Zeit fand, uns ein schönes Bild mit Worten hinzustellen..." (Goethes Sämtliche Werke, Jubiläumsausgabe, erster Band, Dramen in Prosa, mit Einleitung und Anmerkungen von Franz Muncker, Stuttgart und Berlin, S. 252).

Aus „Goethes Gespräche", neu herausgegeben von Flodoard Freiherr von Biedermann, Leipzig 1909, S. 514, entnehmen wir, daß Goethe gerne Rheinwein trank und vor allem daß er tranchieren konnte:

„Das Zerlegen des Bratens, selbst wenn es ein schwieriger Wildziemer war, besorgte er eigenhändig, legte auch wohl einer begünstigten Tischgenossin ein ausgesuchtes Stück oder die zierlichste Forelle vor."

*Die Neuzeit*

In der zweiten Hälfte des 19. Jahrhunderts kam die Hotellerie, so wie wir sie kennen, auf. Große, vornehme Hotels etablierten sich. Die Eisenbahn und die Dampfschiffahrt machten das Reisen leichter, Badeorte kamen in Mode. Diese großen und vornehmen Hotels übernahmen die Tradition und die Zeremonie von den Fürstenhöfen – waren doch die Gäste der Adel und der Geldadel.

Die Zeremonie des Tranchierens und andere Arbeiten beim Tisch wurden in der aufstrebenden Gastronomie übernommen und weiterentwickelt. Bis zum Ersten Weltkrieg und auch noch zwischen den Kriegen gehörten diese Arbeiten zum festen Bestandteil des gepflegten Service im vornehmen Restaurant. Noch in den 50er und anfangs der 60er Jahre gehörten sie zum Standard.

*Arbeiten beim Tisch heute*

Mit fortschreitender Rationalisierung jedoch wurden diese Arbeiten immer mehr aus den Restaurants – und zwar gerade aus den vornehmsten – verdrängt und vom Tellerservice mit Cloches abgelöst.

Allerdings wird die Tradition der Arbeiten beim Tisch des Gastes in der Berufsausbildung zum/zur Restaurantfachmann/Restaurantfachfrau noch fortgesetzt. Diese Arbeiten sind in der Ausbildungsordnung und in den Prüfungsanforderungen festgeschrieben und werden bei den Prüfungen zum Restaurantmeister verstärkt gefordert. Leider können immer weniger Ausbildungsbetriebe diesen Teil der Ausbildung vermitteln, der deshalb um so mehr auf die Berufsschulen übertragen wird.

Der Verband der Serviermeister, Restaurant- und Hotelfachkräfte e. V. (VSR) hat sich zum Ziel gesetzt, die Kenntnisse und Fertigkeiten für die Arbeiten beim Tisch und für das Servieren von Speisen und Getränken zu fördern und zu vermitteln, die Tradition aufrechtzuerhalten und zu pflegen und damit einen wichtigen Beitrag zur Tafelkultur zu leisten.

Gekonntes Zubereiten von Speisen beim Tisch des Gastes ermöglicht ein Erleben von Gastronomie und Tafelkultur, das sich wohltuend von der sogenannten Erlebnisgastronomie abhebt, deren artistische Darbietungen eher zum Kitsch geraten, als daß sie einen Beitrag zur Tafelkultur leisten.

Dieses Buch richtet sich weitgehend nach den Empfehlungen der Gastronomischen Akademie Deutschlands (GAD) und den Richtlinien des Verbandes der Serviermeister, Restaurant- und Hotelfachkräfte e. V. (VSR) und ist diesen Institutionen gewidmet.

# Service und Geräte

# Sinn der Arbeit *am* und *beim* Tisch des Gastes

Die Begriffe *am* und *beim* Tisch des Gastes lassen sich folgendermaßen voneinander abgrenzen:

Da in einem Restaurant der Gast sein Essen immer am Tisch sitzend zu sich nimmt, ist der Tisch des Gastes die Fläche, auf die in einem guten Restaurant die Restaurantfachkräfte die Getränke und Speisen stellen, also servieren. Alle diese Arbeiten, die auf dem Gästetisch direkt ausgeführt werden, sind Arbeiten *am* Tisch des Gastes.

Von Arbeiten *beim* Tisch des Gastes hingegen spricht man, wenn die Arbeiten des Servierens von einem Beistelltisch, dem Guéridon, aus durchgeführt werden. Arbeiten *beim* Tisch des Gastes sind also alle Tätigkeiten, die aus praktischen Gründen nicht direkt auf dem Eßtisch (Gästetisch) ausgeführt werden können.

Hierzu gehören das Vorlegen und Anrichten von der Platte, das Schöpfen aus der Schüssel, das Zerlegen von Fleisch, Fisch und Krustentieren, auch das Flambieren und Verfeinern von Speisen, das Zubereiten und Anrichten von kalten Speisen. Ebenso kann das Servieren von Getränken (z. B. Aperitif und Digestif) dazugehören, wenn dieses vom Beistelltisch aus erfolgt.

Auch das Servieren der Speisen von verschiedenen Wagen aus kann dazu gezählt werden.

Die Arbeiten vom Beistelltisch aus werden auch als Guéridon-Service bezeichnet. Sie gehören zum Anrichteservice.

Es ist in gastronomischen Kreisen eine immer wieder diskutierte Frage, ob vom Beistelltisch aus zu servieren sei oder ob die Speisen bereits in der Küche angerichtet und im „Tellerservice" dem Gast serviert werden sollten.

Sicher hat der Tellerservice seine Berechtigung, besonders dann, wenn aus rationellen Gründen ein zügiger Service erforderlich ist.

Das Arbeiten *beim* Tisch des Gastes ist nur dann möglich und sinnvoll, wenn das Restaurantmanagement die Philosophie eines gehobenen, guten Service vertritt und damit seinen Fachkräften im Restaurant die Chance einer positiven Selbstdarstellung bietet, welche aber solide fachliche Qualifikation, adrettes Aussehen und damit verbundene Selbstsicherheit voraussetzt.

Man sollte sich jedoch davor hüten, das Arbeiten *beim* Tisch des Gastes in Show und Effekthascherei ausarten zu lassen. Das schadet der Fachlichkeit mehr, als daß sie fördert.

Gutes Arbeiten *beim* Tisch erfordert gut ausgebildete Restaurantfachkräfte, die zudem gute technische Voraussetzungen vorfinden müssen.

# Die Angebotsgestaltung

Eine wichtige Voraussetzung für einen ordentlichen Serviceablauf ist eine klare Angebotsgestaltung. Außerdem müssen die Mitarbeiter genaue Kenntnisse über das Angebot haben sowie fachliches Können beweisen.

Bei der Angebotsgestaltung sollten die Restaurantfachkräfte im Interesse des Managements miteinbezogen werden. Nur dann werden alle Mitarbeiter sich mit dem Angebot identifizieren können.

Wird das Angebot zugunsten der Arbeiten *beim* Tisch gestaltet, so setzt dies eine bestimmte Betriebsphilosophie voraus. Das bedeutet auch, daß die Arbeitsmöglichkeiten auf ein Arbeiten *beim* Tisch des Gastes eingestellt sein müssen, für den Fall, daß Arbeiten wie Tranchieren, Filieren und Flambieren gefordert sind.

Es sind die notwendigen Geräte wie Beistelltische, Tranchierbretter und Tranchierbestecke, Flambiergeräte sowie weiteres Zubehör und auch genügend Platz im Restaurant zur Verfügung zu stellen.

Traditionell wird in den Restaurants der gehobenen Klasse im Chef-Commis-System gearbeitet. Der Chef de rang arbeitet ständig in seiner Station, der Commis de rang unterstützt ihn und bringt die Speisen und Getränke in die Station sowie die abgeräumten Gläser und das Geschirr in die Spülküche.

Heute ist dieses klassische Servicesystem aus Personalmangel und Kostengründen nur noch vereinzelt anzutreffen.

Es muß also von der Restaurantleitung sichergestellt sein, daß besonders für die Arbeiten *beim* Tisch des Gastes eine gute Zusammenarbeit der Servicebrigade praktiziert wird.

Ein auf die Arbeiten *beim* Tisch des Gastes ausgerichtetes Angebot ist eine besondere Herausforderung an jeden Servicemitarbeiter. An ihm liegt das Gelingen des Angebots.

Fachliches Können und Einsatzbereitschaft sind dabei Voraussetzung.

# Serviceablauf im Restaurant

## Servicearten

*Tellerservice*

Die Speisen werden portionsgerecht auf Tellern in der Küche angerichtet und am Tisch des Gastes eingesetzt, also serviert.

*Mischformen des Service*

Die Speisen werden in der Küche auf Platten oder in Schüsseln angerichtet, manchmal auch schon teilweise vorportioniert auf Tellern. Diese werden dann auf dem Tisch eingesetzt. Die Gäste bedienen sich selbst von den Platten und Schüsseln und reichen sich gegenseitig die Speisen.

*Vorlegeservice*

Unter dem Begriff Vorlegeservice versteht man, daß die Speisen auf Platten oder in Schüsseln angerichtet und den Gästen direkt auf den eingesetzten Tellern vorgelegt werden.

Das Vorlegen geschieht immer von der linken Seite des Gastes, und das Servicepersonal geht nach rechts um die Tafel, also gegen den Uhrzeigersinn.

*Darbieteservice*

Beim Darbieteservice werden die in der Küche angerichteten Speisen den Gästen von der linken Seite gereicht, nachdem die nötigen Teller von rechts eingesetzt wurden.

Die Gäste nehmen sich selbst die Speisen von der Platte, sie können somit ihre Wahl treffen.

Die Platten müssen in der Küche so angerichtet sein, daß sich die Gäste bequem selbst bedienen können.

Der Darbieteservice ist für einen kleinen Gästekreis geeignet, da er naturgemäß länger dauert und die warmen Speisen schnell kalt werden. Die Restaurantfachkraft geht dabei, wie beim Vorlegen, nach rechts um die Tafel.

Der Darbieteservice ist in gehobenen Kreisen sehr beliebt. Er erfordert den „gelernten" Gast.

*Service vom Beistelltisch*

Der Service vom Beistelltisch gehört zu den Arbeiten *beim* Tisch des Gastes. Die Speisen werden in der Küche vorbereitet und auf Platten oder in Schüsseln angerichtet herausgegeben.

Vom Service werden dann die Speisen vom Beistelltisch aus serviert. Das heißt, die Restaurantfachkraft richtet die Speisen auf bereitgestellten Tellern an und serviert diese aus.

Anwendung: bei Mixed grill, Fleischspieß, Tafelspitz usw.

Zum Service vom Beistelltisch gehören auch die Arbeiten des Zerlegens, Tranchierens, Filierens, Flambierens sowie das Kochen und Verfeinern, weil die fertigen, vollendeten oder verbesserten Speisen auf dem Beistelltisch auf Tellern angerichtet und vom Beistelltisch aus serviert werden.

*Regeln für das Anrichten von Speisen auf einem Teller*

- Der Hauptbestandteil des Gerichts (Fisch, Fleisch usw.) kommt auf die dem Gast zugewandte Seite des Tellers.
- Die Hauptbeilage (Sättigungsbeilage) wie Kartoffeln, Reis, Nudeln, Klöße usw. legt man halblinks neben den Hauptbestandteil des Gerichts.
- Die Gemüsebeilage oder Garnitur wird halbrechts neben den Hauptbestandteil des Gerichts plaziert.
- Werden die Speisen schon in der Küche mit Sauce zubereitet, so wird diese über den Hauptbestandteil des Gerichts gezogen.
- Ist der Hauptbestandteil des Gerichts ohne Sauce zubereitet, dann wird die dazu à part angerichtete Sauce über den Hauptbestandteil des Gerichts nappiert.
- Weißes Fleisch wie Hühner- oder Putenbrust wird ebenfalls nur mit der Sauce nappiert.
- Grundsätzlich soll der Gast über die gewünschte Menge der Sauce befragt werden.

- Zum Anrichten des Tellers auf dem Beistelltisch nimmt man beide Hände. Mit dem Löffel in der rechten Hand hebt man die Speise, und mit der Gabel in der linken Hand stützt man die Speise ab und hält die Balance.
- Hat man nur eine Hand frei, dann nimmt man die auf einem Teller stehende Schüssel oder Sauciere mit der linken Hand und mit der rechten das Vorlegebesteck oder den Saucenlöffel und legt die Speisen auf den Teller.
- Das Nachservieren erfolgt im gehobenen Service mit neuen Tellern, die auf dem Beistelltisch angerichtet werden. Das Besteck wird ebenfalls ausgewechselt.
- Bei einer größeren Anzahl von Gästen wird im Vorlegeservice nachserviert.

## Voraussetzungen für die Arbeiten beim Tisch des Gastes

Wie bereits erwähnt, ist die wichtigste Voraussetzung für sicheres Arbeiten *beim* Tisch des Gastes eine gute Arbeitsvorbereitung, also die Mise en place.

Hier gilt wieder einmal das geflügelte Wort: Gute Mise en place ist die halbe Arbeit. Ebenso gilt der Satz: Erst denken, dann laufen.

Denn je besser die Arbeitsvorbereitung, um so zügiger der Serviceablauf. Es ist also eine Frage der Selbstorganisation.

Darum sind folgende Punkte zu beachten:

1. Es muß eine gute und klare Absprache mit der Küche gegeben sein, damit alle Beilagen und Utensilien, die aus der Küche kommen, arbeitsgerecht und vollständig bereitgestellt werden können.
2. Gleich nach dem Entgegennehmen der Bestellung muß die Restaurantfachkraft die notwendige Arbeitsvorbereitung (mise en place) treffen. Dazu gehört eine ausreichende Arbeitsfläche, d. h., je nach Aufgabe, daß ein oder zwei, eventuell auch drei Beistelltische in die richtige Position zu bringen sind.
3. Die Beistelltische müssen so aufgestellt werden, daß sie nicht zu nahe am Gästetisch stehen, aber auch so, daß der Gast die Arbeiten beobachten kann. Außerdem darf der übrige Arbeitsablauf im Restaurant nicht gestört werden. Die Restaurantfachkraft darf nie mit dem Rücken zum Gast arbeiten.
4. Das Bereitstellen für den eigentlichen Arbeitsablauf richtet sich immer auch nach der dafür vorgesehenen Arbeit.

Das heißt:

a) Wird tranchiert, dann gehören das Tranchierbrett, das Tranchierbesteck und die notwendigen Vorleger, Rechaudplatten und heißen Teller dazu.

b) Vom Filetieren oder Filieren spricht man, wenn Fische zerlegt und/oder enthäutet werden.
Die notwendige Mise en place besteht aus Vorleger, Fischbesteck, heißen Rechaudplatten und heißen Tellern.
Gebratener Fisch kommt auf heißen Platten aus der Küche.
In heißem Wasser gegarter Fisch im Fischkessel (Bain-marie, Poissoniere) oder in einer Kokotte aus der Küche.

c) Für das Flambieren bereitet man das notwendige Flambiergerät und die entsprechenden Utensilien, je nach Rezeptur die Spirituosen und andere Zutaten, vor.

d) Für das Zubereiten (Anmachen) von kalten Speisen benötigt man ebenfalls die richtige Mise en place, sie richtet sich nach dem vorgesehenen Rezept und der erforderlichen Arbeitsweise.

### *Arbeitsvorbereitung und Selbstorganisation – Mise en place*

Voraussetzung für einen reibungslosen Serviceablauf ist eine gründliche, planmäßige Arbeitsvorbereitung, die sogenannte Mise en place, und die Selbstorganisation der Restaurantfachkraft, die es ihr ermöglicht, ihre Arbeitskraft effektiv und kräftesparend einzusetzen.

Die Arbeitsvorbereitung für das Restaurant beginnt mit den bekannnten Officearbeiten, wie dem Polieren der Gläser, des Bestecks, des Porzellans, sowie dem Säubern der Menagen, dem Reinigen der Arbeitsgeräte und dem Überprüfen der Rechauds, der Flambierwagen und anderer Hilfsmittel auf ihre Funktion.

Im Restaurant gehört zu den Vorbereitungsarbeiten das Eindecken der Tische, das Überprüfen der Beleuchtung und der Klimaanlage sowie die Pflege der Blumen.

Das Angebot von Aperitifs und Digestifs wird in manchen Restaurants durch schön arrangierte Displays besonders herausgestellt. Mancherorts werden diese auf speziellen Servierwagen angeboten. Letztere zu überprüfen und bereitzustellen, gehört ebenfalls zu den Aufgaben der Restaurantmitarbeiter.

Ferner gehört zur Arbeitsvorbereitung im Restaurant das Bereitlegen und Überprüfen der Speise- und Getränkekarten. Ebenso die Servicebesprechung, bei der unter anderem das Tagesangebot erörtert wird.

Das Einteilen und Richten der Tischreservierungen muß soweit wie möglich vor Servicebeginn ausgeführt werden.

Zur Selbstorganisation der Restaurantfachkräfte gehört außer der Arbeitsvorbereitung auch die Gestaltung des Arbeitsablaufs.

Jeder, der die Arbeiten *beim* Tisch des Gastes ausführt und dabei leicht eine gebückte Stellung einnimmt, sollte sehr auf seine Körperhaltung achten. Eine nicht verkrampfte Haltung sieht besser aus als eine verkrampfte, wichtiger ist jedoch der gesundheitliche Aspekt. Besonders beim Filetieren von Fischen, beim Vorlegen von Speisen und beim Tranchieren neigt man dazu, gebückt dazustehen. Das kann zu sehr starken Rückenschmerzen führen!

Darum ist folgendes zu beachten:
- Möglichst aufrecht stehen und dabei eine lockere Haltung einnehmen!
- Das linke oder das rechte Bein als Standbein benutzen, dabei das andere Bein entspannen! Bei längerem Stehen das Standbein wechseln!
- Vorsicht beim Flambieren! Nicht über das Flambiergefäß beugen, denn es besteht die Gefahr, durch Flammen und spritzendes Fett verletzt zu werden.

Die folgenden Ausführungen zum Arbeitsablauf betreffen auch die Selbstorganisation der Restaurantfachkraft.

## Gastempfang und die Begrüßung

Die Arbeitsvorbereitung im Office und im Restaurant ist abgeschlossen. Der Service kann beginnen. Die Gäste werden erwartet.

Im guten Restaurant werden die Gäste plaziert; das verantwortliche Personal, Geschäftsführer, Oberkellner, Restaurantfachkraft oder das eigens dafür eingestellte Empfangspersonal, geht den eintretenden Gästen entgegen und begrüßt sie, fragt nach der eventuellen Tischreservierung und bietet den Platz an. Beim Ablegen der Garderobe ist man ebenfalls behilflich.

In feiner Gesellschaft helfen die Herren den Damen beim Ablegen des Mantels, die Bedienung übernimmt das Kleidungsstück und bringt es zur Garderobe. Haben die Gäste am gedeckten Tisch Platz genommen, wird ihnen die aufgeschlagene Speisekarte – eventuell auch die Weinkarte – gereicht, darauf Brot und Butter bzw. Schmalz eingesetzt.

Mit dem Überreichen der Karte sollte die Frage nach dem ersten Getränk bzw. dem Aperitif erfolgen. Haben die Gäste sich eingerichtet, wird die Bestellung aufgenommen.

## Entgegennehmen der Bestellung

Die Bestellung soll möglichst umfassend sein und muß genau aufgenommen werden. Es muß exakt festgehalten werden, welcher Gast was bekommt und in welcher Reihenfolge die Speisen serviert werden sollen. Genau erfragt werden muß auch der Beilagenwunsch der Gäste sowie der Gargrad bei Steakgerichten.

Mit dem Entgegennehmen der Speisenbestellung muß auch die Aufnahme der Getränkebestellung erfolgen, damit die Getränke rechtzeitig serviert werden können und der Wein bereitgestellt ist, so daß er zu den Speisen gereicht werden kann.

Das Entgegennehmen der Bestellung ist ein wichtiger Teil der Selbstorganisation.

Exaktes, umfangreiches Erfragen, Festhalten, Bonieren und Weitergeben der Bestellung an die Ausgabestellen, an Büfett und Küche, gewährleisten einen reibungslosen Service.

Als Hilfsmittel dient ein Tischplan, auf dem sich die Restaurantfachkraft die Bestellungen der Gäste genau notiert und nach dem dann das Servieren der fertigen Speisen erfolgt.

Es wird dadurch ein unnötiges Befragen der Gäste vermieden.

### *Mise en place nach dem Entgegennehmen der Bestellung*

Die Restaurantfachkraft muß dafür sorgen, daß in ihrer Station beim Tisch des Gastes das notwendige Gerät zur rechten Zeit bereitsteht: der Weißwein gekühlt und der Rotwein temperiert im Weinkorb, der Schaumwein im Sektkühler.

Sind Arbeiten *beim* Tisch erforderlich, dann müssen die notwendigen Geräte bereitgestellt werden und, je nach Bestellung, Vorleger, Tranchierbesteck und Brett, Beistelltisch, Rechaudplatten und bei Flambiergerichten die Flambierrechauds und die nötigen Utensilien.

Nichts stört den ganzen Arbeitsablauf mehr als eine Desorganisation, bei der die Speisen fertig auf dem Paß in der Küche stehen und im Restaurant beim Tisch des Gastes noch keine Vorbereitungen getroffen sind. Es bricht dann eine unnötige Hektik aus, und es kann dann nicht mehr konzentriert gearbeitet werden.

## Allgemeine Serviceregeln

- Ruhe beim Arbeiten bewahren!
- Nicht rauchen!
- Keine Unterhaltung mit Kollegen im Restaurant!
- Immer vorwärts gehen!
- Nie rückwärts gehen!
- Nie plötzlich stehenbleiben!
- Immer links überholen!
- Immer nach rechts ausweichen!
- Nie zu große Lasten tragen!
- Kleine Gegenstände stets auf dem Tablett tragen!
- Das Tablett (plateau) stets mit einer Serviette (Tablettpapier) abdecken, um das Rutschen der Gegenstände zu verhindern, oder Tabletts mit rutschfestem Belag benutzen!
- Die linke Hand ist die Tragehand!
- Die rechte Hand ist die Arbeitshand!
- Schüsseln, Glasteller und Suppenuntertassen stets auf einen Unterteller mit einer Papiermanschette stellen!
- Das Vorlegebesteck anlegen!
- Wenn von links gearbeitet wird, rechts um die Tafel gehen!
- Wenn von rechts gearbeitet wird, links um die Tafel gehen – also immer vorwärts gehen!
- Nie über die Tragehand hinweg arbeiten!
- Beim Vorlegen oder Reichen mit der Schüssel oder der Platte ganz nahe an den Teller des Gastes gehen!
- Heiße Platten mit der gefalteten Serviette (dem Serviertuch) auf der flachen Hand tragen!
- Teller mit der Vignette nach oben, also mit dem dem Gast gegenüberliegenden Tellerrand, einsetzen!
- Bei Gläsern die Vignette zum Gast hin einsetzen!
- Beim Arbeiten auf einem Beistelltisch und beim Anrichten eines Tellers immer beide Hände nehmen!
- Beim Eingießen, Präsentieren und Reichen die freie linke Hand auf den Rücken legen!

Folgende Tätigkeiten werden von der linken Seite des Gastes her ausgeführt:
- Präsentieren der Speisen
- Reichen der Speisen
- Vorlegen der Speisen
- Einsetzen der Salatteller
- Säubern des Tisches

Folgende Tätigkeiten werden von der rechten Seite des Gastes her ausgeführt:
- Einsetzen
- Einschenken
- Ausheben
- Nachdecken
- Präsentieren der Wein-, Sekt- oder Champagnerflaschen

## Das Abräumen (Ausheben)

- Was von rechts eingesetzt wurde, wird von rechts abgeräumt; dabei geht man nach links – also im Uhrzeigersinn – um die Tafel.
- Was von links eingesetzt wurde, wird auch von links ausgehoben (abgeräumt). Auch dabei geht man nach links um die Tafel, also ebenfalls im Uhrzeigersinn. Ginge man nach rechts um die Tafel, so würde man beim Abräumen über die eigene Hand hinweg arbeiten; dies wäre unpraktisch.

  Merke: Auch beim Abräumen geht man nicht rückwärts!
- Benutzte Gläser und Portionsflaschen werden stets mit einem Tablett abgeräumt.
- Aperitifgläser werden abgeräumt, nachdem der erste Wein (Weißwein) oder ein anderes Getränk serviert wurde.
- Platten und Schüsseln werden zuerst abgeräumt, dann die Teller und das Besteck, danach erst die Brotteller und das übrige Material.
- Die Menagen werden vor der Süßspeise abgeräumt.
- Brotkrumen werden vor dem Servieren der Süßspeise mit dem Serviertuch vom Tisch auf einen Mittelteller oder mit einer kleinen silbernen Bürste auf ein Kehrblech gekehrt.
- Wird Sekt oder Champagner serviert, werden alle anderen Gläser vorher abgeräumt, damit der Tisch für das edle Getränk vorbereitet ist.
- Nicht mehr benutztes Tafelgerät ist abzuräumen; auf dem Tisch sollten nur die notwendigen Gegenstände stehen.
- Benutzte Aschenbecher werden ständig ausgewechselt, und zwar verdeckt.

- Beim Abräumen von Tellern und Besteck wird das Besteck auf den unteren Teller (Trageteller) gelegt, dabei werden die Messer unter die Gabeln gesteckt.
- Platzteller werden nach dem Ausheben des letzten Gangs abgeräumt.

In der Praxis kennen wir zwei Abräumarten; sie sind in den von der Gastronomischen Akademie Deutschlands e.V. ausgearbeiteten Regeln für das Servieren von Speisen und Getränken wie folgt beschrieben:

*Abräumtechnik I (Arbeitsschritte)*

1. Der ausgehobene Teller wird in die linke Hand genommen, wobei der Daumen entlang des Tellerrandes zu liegen kommt und mit dem Zeigefinger und Mittelfinger stabilisiert wird.

2. Der zweite Teller wird auf den Handballen und den Unterarm gesetzt; abgestützt wird mit dem Ring- und mit dem kleinen Finger.

3. Auf dem Trageteller wird die erste Gabel mit dem Daumen festgehalten und das Messer unter deren Rücken geschoben.

4. Die weiteren Gabeln werden in gleicher Weise abgelegt und die Messer untergeschoben, so daß alle abgelegten Bestecke wie ein Kreuz auf dem Teller liegen.

5. Alle weiteren Teller werden, bis zu fünf Teller insgesamt, auf dem Handballen gestapelt, das Besteck wie beschrieben abgelegt und kleine Speisereste an die Seite neben das Besteck geschoben.

6. Bei Suppentellern und großen Suppenlöffeln wird in gleicher Weise verfahren.

*Abräumtechnik II (Arbeitsschritte)*

1. Diese Tragetechnik wird vor allem dann praktiziert, wenn mehr Speisereste auf den Tellern liegen, wie zum Beispiel bei Geflügel oder Fisch.

2. Der erste Teller wird, wie unter Abräumtechnik I beschrieben, in die linke Hand gelegt und stabilisiert.

3. Der zweite Teller wird rechts davor untergeschoben und mit Ring- und kleinem Finger abgestützt.

4. Der dritte Teller wird auf den Handballen und Unterarm gesetzt und mit dem untergeschobenen Teller gestützt.

5. Auf dem ersten Teller werden die Bestecke wieder wie ein Kreuz abgelegt, der untergeschobene Teller nimmt die Speisereste auf.

6. Auf Handballen, Unterarm und Tellerrand werden bis zu fünf Teller gestapelt.

*Abräumen von Suppentassen*

1. Mittelteller mit Suppenuntertassen und Suppentassen werden bis zu zwei Gedecke links und ein Gedeck rechts getragen.

2. Teller und Tassen werden auf Tabletts in der Station auf einem Servicetisch möglichst geräuschlos zusammengestellt.

# Arbeiten *beim* Tisch

## Tranchieren

Tranchiert werden große Fleischstücke (grosses pièces) vom Schlachtfleisch und Wild sowie Pfannengerichte und Grilladen für zwei oder mehr Personen, ebenso im ganzen gebratenes Haus- und Wildgeflügel.

Beim Zerlegen der Krustentiere Hummer und Languste spricht man ebenfalls vom Tranchieren.

Auch Räucherlachs- und Graved-Lachs-Seiten werden tranchiert.

## Geräte für das Tranchieren

*Beistelltisch oder Guéridon*

Er hat in der Regel die Höhe eines Restauranttisches und eine Arbeitsfläche von 40 × 80 cm. Er sollte aus festem Holz bestehen und eine Zwischenplatte haben.

Er darf nicht zu leicht gebaut sein, aber auch nicht zu schwer, denn er muß von der Restaurantfachkraft leicht zu tragen sein. Beistelltische auf Rollen müssen mit einer Arretiervorrichtung versehen sein, damit die Rollen festgestellt werden können, denn es ist wichtig, daß der Beistelltisch eine feste und sichere Arbeitsfläche darstellt.

Beistelltisch oder Guéridon

*Das Tranchierbesteck*

Das Tranchierbesteck besteht aus einer Fleischgabel mit zwei Zinken und einem scharfen Messer mittlerer Größe.

Als kleines Tranchierbesteck eignet sich auch ein großes Tafelbesteck: eine große Tafelgabel und ein großes scharfes Tafelmesser ohne Sägeschliff.

Das Lachsmesser hat eine lange, dünne und biegsame Klinge. Es ermöglicht somit einen langen und feinen Schnitt.

Das Schlagmesser ist ein großes, schweres Küchenmesser und dient zum Zerlegen von Hummer und Languste.

Ein längeres und scharfes Sägemesser benutzt man für Gerichte im Teigmantel.

Zum Handwerkszeug des Trancheurs gehören außerdem:

- Vorlegebesteck (Gabel und Löffel)
- Warmhalteplatten (platemaster) sowie Rechauds zum Warmhalten
- heiße Teller

*Tranchierbrett*

Tranchierbretter aus Buchenholz haben gegenüber den Brettern aus Plastik den Vorteil, daß das Tranchiergut besser aufliegt und nicht so leicht wegrutscht.

Auch bekommen oft benutzte Bretter aus Plastik schneller ein häßliches Aussehen.

Tranchierbretter müssen mit einer Saftrinne und -mulde versehen sein.

Sie sollten eine handliche Größe haben, die der Größe des Tranchierguts angepaßt ist. Große, klobige Bretter sind unhandlich und nicht für das Restaurant geeignet.

Daß die Tranchierbretter einwandfrei sauber und ansehnlich zu sein haben, sollte eine Selbstverständlichkeit sein.

*(Hinweis: Nach Auskunft des Veterinäramtes in Frankfurt am Main sind Tranchierbretter aus Buchenholz im Restaurant erlaubt.)*

*Geräte für das Filetieren (Filieren) von Fisch:*

- Vorleger
- Fischbesteck
- Fischvorleger
- Rechaudplatten
- heiße Teller
- ovaler Fischkessel (Bain-marie)

*Geräte für das Flambieren und Kochen beim Tisch:*

- Vorleger
- heiße Teller
- Flambierkocher (Flambierrechauds)
- Flambierwagen
- verschiedene Flambierpfannen: runde, ovale, solche mit hohem Rand, Kasserollen
- Schöpfkellen (louche)

*Hinweis: Man beachte die für die Flambiergeräte gültigen Vorschriften!*

*Geräte für das Zubereiten von Obst beim Tisch:*

- Vorleger
- kalte Teller oder Schalen zum Anrichten
- Schüsseln zum Mischen
- Obstmesser
- Obstschäler
- Officemesser
- Schneidebrett

*Geräte für das Anrichten von kalten Speisen*

- Vorleger
- kalte Teller
- Schüsseln und/oder Schalen
- Schneidebrett
- Officemesser

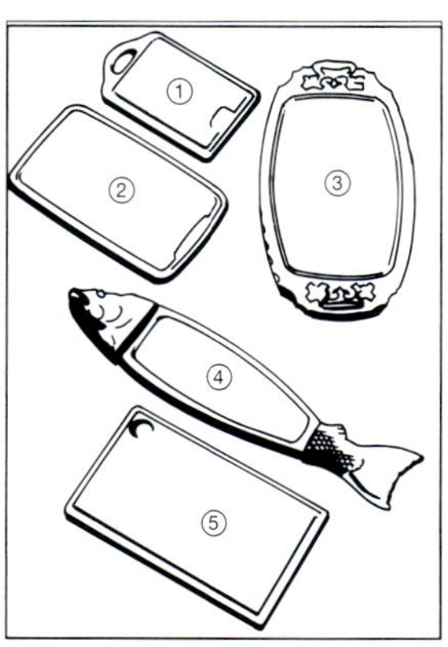


## Tranchierbretter

① Kleines Tranchierbrett, z. B. für Obst
② Beschichtetes Tranchierbrett
③ Rustikales Tranchierbrett mit Metallbeschlag
④ Lachsbrett mit versilberter Verzierung
⑤ Naturbelassenes Buchenholzbrett

## Tranchiergeräte

mittleres Tranchiermesser

mittlere Tranchiergabel (Fleisch)

gebogene Tranchiergabel
(Fleisch; z. B. für großes Geflügel)

kleines Tranchierbesteck
(z. B. für kleines Geflügel oder Rehrücken)

großes Tafelbesteck
(z. B. für kleine Grilladen oder kleines Geflügel, wie doppeltes Rumpsteak oder Taube)

Lachsmesser

Koch- oder Schlagmesser
(z. B. für Hummer)

Sägemesser
(z. B. für Fleisch in der Teigkruste)

Vorlegebesteck

Salatbesteck

Schöpflöffel
(z. B. für die Flambierspirituose)

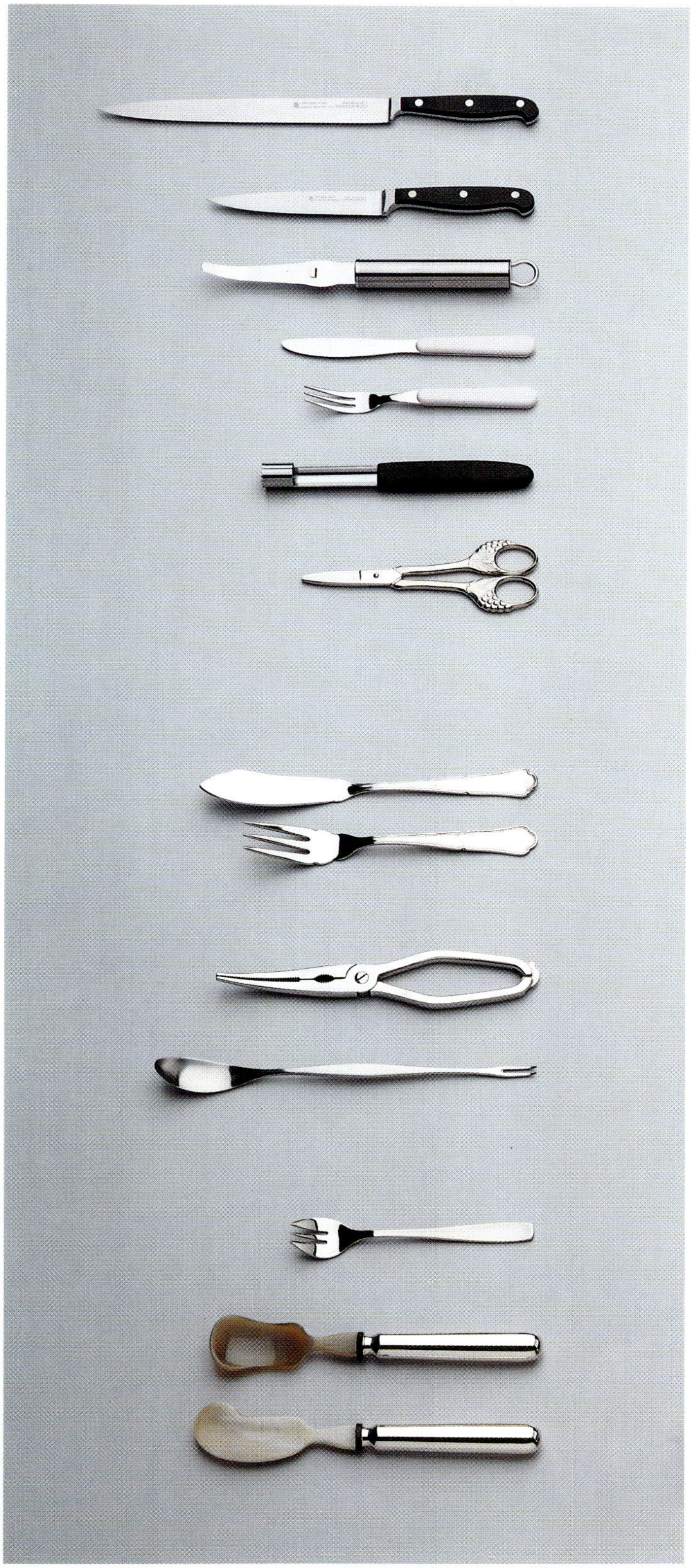

## Tranchiergeräte

Feinschnittmesser
(z. B. für Obst)

Officemesser
(z. B. für Obst)

Grapefruitmesser

kleines Obstbesteck
(z. B. für Kiwi oder Trauben)

Apfelausstecher

Traubenschere

Fischbesteck

Hummerzange

Hummergabel

Austerngabel

Kaviarlöffel

Kaviarmesser

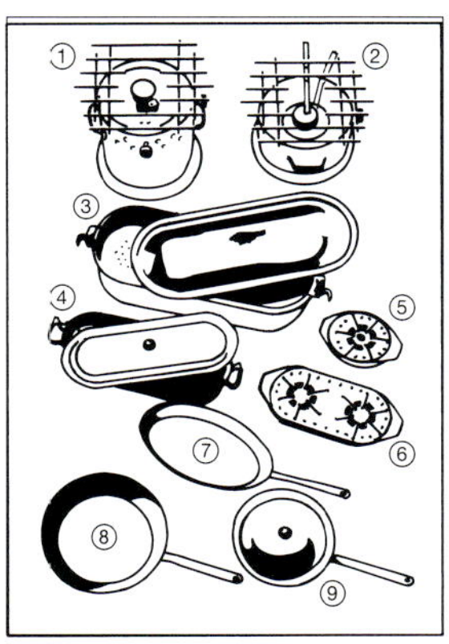


## Koch- und Flambiergeräte

① Flambierrechaud mit Gasbrenner
② Flambierrechaud mit Spiritusbrenner
③ Großer Fischkessel für mehrere kleine Fische oder einen größeren Fisch, z. B. Lachsforelle
④ Kleiner Fischkessel für Portionsfische
⑤ Kleines Warmhalterechaud
⑥ Großes Warmhalterechaud
⑦ Ovale Flambierpfanne, z. B. für Fisch
⑧ Runde Flambierpfanne
⑨ Stielkasserolle mit Deckel, z. B. zum Warmhalten, Kochen oder Dünsten

# Hummer
# Kalte Speisen
# Tatar

# Schalen- und Krustentiere

## Die Auster

Für Arbeiten *beim* Tisch kommen nur Austern natur, also frische, rohe Austern, in Frage.

Seit jeher war der Konsum von Austern eigentlich auf die Monate September bis April, also die Monate mit „r", beschränkt, modernste Zucht- und Transportmethoden jedoch erlauben den ganzjährigen Genuß.

Die Austern leben an den Küsten des Atlantiks in flachen Gewässern, wo sie Kolonien, die Austernbänke, bilden. Sie werden auch in Aquafarmen, in sogenannten Austernparks, gezüchtet.

Die Sortierung erfolgt nach Gewicht und wird mit einem Nullensystem (eine bis sechs Nullen) gekennzeichnet.

So werden zum Beispiel Austern von ca. 80 g Gewicht mit vier Nullen (0000) gekennzeichnet, fünf Nullen (00000) bedeuten ca. 90 g Gewicht, die Kennzeichnung 000000 bedeutet 100 g Gewicht.

Eine weitere Einteilung richtet sich ebenfalls nach der Größe, wobei die Luxusgröße ein Gewicht von 110 bis 150 g hat. Die Größe 1 wiegt 90 bis 100 g; 70 bis 80 g die Größe 2 und 50 bis 60 g die Größe 3. Die französische Sortierung kennt die Bezeichnungen „p." für „petit" (= klein), „g." für „grand" (= groß), „tg." für „très grand" (= sehr groß), „ttg." für „très très grand (= sehr, sehr groß).

(Das große Lexikon der Gastronomie, Müller/Rachfahl, Hamburg 1988).

Nur ganz frische Austern dürfen verwendet werden. Austern, die sich selbsttätig öffnen, sind tot; bei deren Genuß besteht die Gefahr einer schweren Vergiftung.

Austern werden meist in Spankörben verpackt geliefert.

Die Tiere haben eine gewölbte und eine flache Schale. Sie sind mit der gewölbten Schale nach unten gepackt, damit das Meerwasser nicht ausläuft.

Die Lieferländer bringen unter anderem folgende Sorten auf den Markt:
Belgien: Ostendes
Dänemark/Norwegen: Limfjords
Deutschland: Sylter Royals
England: Natives, Colchester, Royales, Whitestables
Frankreich: Belons, Arcachons, Bouzigues; Fines de claires und Spéciales des claires sind besondere Züchtungen aus Marennes-Oléron
Niederlande: Imperials
USA: Blue points

Die Austernzucht hat in Frankreich eine große wirtschaftliche Bedeutung. Die Austernparks und damit die Zucht unterliegen strengster Kontrolle.

*Austernservice*

Die Auster wird mit dem Austernmesser oder mit dem Austernbrecher in der Küche geöffnet.

Mit dem Austernmesser wird die flache Schale, der Deckel, abgehoben, aber erst nachdem die geschlossenen Austern gründlich gesäubert wurden.

In der Regel kommen sechs Austern als Portion auf einer Platte mit gestoßenem Eis in das Restaurant oder auf einer speziellen Austernplatte mit Vertiefungen.

Bei sechs Austern bekommt der Gast zuerst drei serviert. Auf dem Beistelltisch werden diese von der Platte auf den Eßteller gelegt und eingesetzt.

Die anderen drei werden als Nachservice auf einem weiteren sauberen Teller angerichtet und serviert.

Mit dem Vorlegebesteck werden die Austern auf den Teller gelegt, dabei fährt man mit dem Löffel und der Gabel unter die Austernschale. Man kann auch mit den Gabelzinken die Austerschale anheben, dabei kommt die Schale zwischen die Zinken. Mit dem Löffel sichert man ab.

Zum Austerngedeck gehören die Austerngabel sowie eine Fingerschale.

Als Beilagen serviert man frische Zitronen, Graubrot oder Schwarzbrot und Butter. Traditionelle Beilage sind Chesterwürfel. Das sind Schwarzbrotscheiben, mit Chester belegt. Hierzu legt man abwechselnd eine Scheibe Brot und eine Scheibe Käse aufeinander (bis zu 5 Lagen) und schneidet dann Würfel.

Manche Gäste verlangen weißen Pfeffer aus der Mühle und Würzsaucen zu den Austern.

Der Austernliebhaber wird weder Zitrone noch Pfeffer noch Würzsaucen benutzen.

Er will den reinen Austerngeschmack mit dem Meerwasser genießen.

Mit einer Austerngabel wird die Auster von der Schale gelöst und dann mit dem Meerwasser aus der Schale geschlürft.

Champagner „brut", „Crémant", guter Sekt in den Geschmacksrichtungen „brut" und „ultra brut", feine trockene französische Weißweine, trockene Weiß- oder Grauburgunder sind die passenden Getränke zu Austern.

## Hummer

(frz. *homard*)

Der Hummer ist ein zehnfüßiger Meereskrebs und gehört zu den großen Krustentieren.

Er ist um ein Vielfaches größer als sein Verwandter, der Flußkrebs, und hat wie dieser Arme, die seiner Größe entsprechend stark ausgeprägt sind.

An den Armen befinden sich die Scheren. Am linken Arm die starke große Kampf- oder Brechschere und am rechten Arm die etwas kleinere Greifschere.

### *Vorkommen und Qualität*

Der Hummer lebt in den kalten felsigen Küstengewässern des Nordatlantiks und in der Nordsee bis zu einer Tiefe von 40 m und mehr. Er paßt seine Farbe dem jeweiligen Meeresboden an.

Von guter Qualität sind die Hummer von der zerklüfteten, felsigen Küste Norwegens sowie der Mainelobster aus den Gewässern der nordöstlichen Küste der USA.

Helgoländer Hummer haben in der Gastronomie an Bedeutung verloren, weil sie nur noch in geringen Mengen vorkommen.

Gute Qualitäten liefern ebenfalls die Küstengewässer der Bretagne und Islands.

Der Hummer wächst sehr langsam und kann sehr alt werden.

Große Exemplare erreichen eine Länge von bis zu 75 cm und dabei ein Gewicht von 5 kg.

Da der Bestand überall gefährdet ist, müssen Tiere, die kleiner als 20 cm sind, wieder ausgesetzt werden. Freilebende Hummer werden in Reusen oder Körben gefangen. In den USA und Kanada gibt es Zuchtversuche in Aquafarmen.

Am schmackhaftesten sind die Meereskrebse mit einem Gewicht zwischen 500 und 800 g.

### *Aufbewahrung und Verarbeitung*

Werden mehrere Hummer in einem Korb oder in einem anderen Gefäß lebend aufbewahrt, dann verbindet man ihnen die Scheren mit einem Draht oder Gummiband, denn die Tiere greifen sich an und verletzen sich dabei (Kannibalismus!).

Verendete Tiere dürfen nicht verarbeitet werden. Sie sind sehr giftig! (Merkmal: Sie zeigen keine Reaktion, wenn man sie an den Fühlern berührt.)

Nur lebendfrische oder auf See tiefgefrorene Hummer finden Verwendung in der Küche.

Lebende Hummer rollen ihren Schwanz nach innen, wenn sie in kochendes Wasser gelegt werden.

In Deutschland dürfen die Tiere nicht lebend zerteilt werden.

Man tötet den Hummer, indem man ihn mit dem Kopf zuerst in reichlich (wallend!) kochendes Wasser legt, das mit Salz und Kümmel versehen ist (Fischsud, frz.: court-bouillon).

Er ist nach kurzer Zeit tot.

Krustentiere nehmen beim Kochen eine kräftige rote Farbe an.

Soll der Hummer roh verarbeitet werden, nimmt man ihn kurz nach dem Abtöten aus dem Wasser.

Wird der Hummer gekocht weiterverarbeitet, läßt man ihn 20 bis 30 Minuten gar ziehen.

Soll der Hummer später verarbeitet werden, dann läßt man ihn im Sud erkalten, damit er saftig bleibt.

Hummer, der kalt verarbeitet werden soll, wird auf ein Brett dressiert, damit sich sein Schwanz beim Töten nicht krümmen kann.

### *Saison*

Zu vermerken wäre noch, daß der Hummer ganzjährig zu haben ist, aber seine beste Zeit in den Monaten ohne „r", also von Mai bis August, hat. Er findet dann eine gute Nahrung vor.

Lebende Hummer dürfen nicht auf Eis gelegt und ständig hohen Temperaturen ausgesetzt werden. Sie verenden bei Temperaturen unter +4 °C und bei konstanten Temperaturen über +28 °C. Übrigens: Hummer nehmen in der Gefangenschaft keine Nahrung auf. Sie verzehren sich selbst. Tiere, die sich lange in Gefangenschaft befinden, verlieren deshalb an Gewicht.

*Tranchieren*

Für das Tranchieren im Restaurant wird der Hummer entweder kalt (en bellevue) oder warm (à la nage) angeboten.

Der kalte Hummer kommt auf einer schön dekorierten Schauplatte in das Restaurant, der warm zubereitete Hummer in der Poissoniere (Fischkessel).

Die Methode des Tranchierens ist für beide Zubereitungsarten die gleiche.

Bei anderen Zubereitungsarten wird der Hummer in der Küche zerlegt und, je nach Garnitur, in der Karkasse (Panzer) auf einer Platte angerichtet.

In diesen Fällen werden die Hummerhälften beim Tisch des Gastes auf dem Beistelltisch auf vorbereiteten heißen Tellern angerichtet und, mit den Beilagen versehen, dem Gast serviert. Die Beilagen werden eventuell noch einmal als Supplement angeboten.

Eingedeckt wird ein Fischbesteck.

Es wird eine Fingerschale und ein Ablageteller eingesetzt, wenn sich die Beine noch an der Karkasse befinden oder andere Teile des Panzers vom Gast mit den Fingern berührt werden. Ist das Hummerfleisch nicht ganz ausgelöst, so muß eine Hummergabel und eventuell eine Hummerzange mit eingedeckt werden.

Das Gedeck für den beim Tisch des Gastes zu tranchierenden Hummer besteht aus dem Fischbesteck, Hummergabel, Fingerschale und Ablageteller.

*Mise en place:*

- das Tranchierbrett
- ein oder zwei kräftige Schlagmesser
- ein Fischbesteck
- mehrere Vorleger
- mehrere heiße oder kalte Teller
- eine Hummergabel
- eine kleine Glasschüssel
- eine Hummerzange
- mehrere Stoffservietten
- zwei Beistelltische

*Arbeitsschritte:*

- Der Hummer wird auf der Schauplatte oder im Fischkessel (Poissoniere) dem Gast präsentiert.
- Wenn er im Fischkessel angerichtet ist, läßt man den Hummer abtropfen, bevor man ihn auf das Tranchierbrett legt.
- Der Hummer wird mit dem Kopf nach links auf das Brett gelegt, und der Schwanz wird angedrückt.
- Solange sich der Hummer im ungeöffneten Panzer befindet, kann man ihn ohne Stoffserviette anfassen.
- Nun werden zuerst die Arme mit den Scheren abgedreht und zur Seite gelegt; sie lassen sich mit kurzen kräftigen Bewegungen aus dem Gelenk lösen.
- Der Hummer wird wieder mit dem Schwanz nach rechts auf das Brett gelegt und mit der Hand am Kopf festgehalten.
- Dann wird das Schlagmesser an dem Punkt in der Mitte zwischen Kopfbrustpanzer und Schwanz angesetzt;
- mit einer Hebelbewegung wird das Messer nach unten gedrückt und dabei der Schwanz längs durchtrennt.
- Jetzt wird der Hummer um 180 Grad gedreht und mit der Serviette am gespaltenen Schwanz festgehalten, worauf nun mit dem Schlagmesser der Kopfbrustpanzer der Länge nach durchgeschnitten wird, so daß man zwei Hummerhälften ohne Arme erhält.
- Abschließend wird der ungenießbare Magen-Darm-Trakt entfernt.

Merke: Es wird immer zuerst der Schwanz halbiert, denn beim Durchschneiden des Kopfbrustpanzers kann der Magen beschädigt und somit das Tranchiermesser beschmutzt werden. Sollte dies dennoch geschehen, so muß das schmutzige durch ein sauberes Messer ersetzt werden.

Magen und Darm sind als dunkle Linie gut zu erkennen. Bei Tieren jedoch, die schon länger in Gefangenschaft leben, verblaßt der Darm. Er muß in jedem Fall gesucht und entfernt werden.

Der Magen liegt unter dem Kopfpanzer und ist an seiner grünen Flüssigkeit zu erkennen, die mit dem Vorlegelöffel entfernt wird. Das benutzte Vorlegebesteck wird auf einen Ablageteller gelegt und gleich aus dem Blickfeld des Gastes entfernt; es werden weitere saubere Vorleger genommen, bis Magen und Darm vollständig entfernt sind.

Der Darm verläuft vom Magen bis zum After des Tieres am Schwanzende. Er wird mit der Fisch- oder der Vorlegegabel herausgezogen.

Beide Hummerhälften müssen sehr sauber sein, also ohne Darm- oder Magenreste.

- Nachdem der Magen-Darm-Trakt herausgenommen ist, wird das Fleisch in der Schwanzkarkasse gelöst, wobei mit der Gabel die Karkasse so festgehalten wird, daß der Panzer zwischen die Gabelzinken kommt.

Mit dem Fischmesser oder dem Vorlegelöffel löst man das Fleisch vom Panzer, indem man zwischen Fleisch und Panzer fährt und das Fleisch lockert.

- Die Karkasse mit dem ausgelösten Fleisch wird dem Gast im ersten Service auf den Eßteller gelegt.

Während die Arbeit fortgesetzt wird, ißt der Gast den Hummer. Er zieht die Beine aus der Karkasse und holt sich mit der Hummernadel das Fleisch heraus. Hierbei kann er die Hummerzange zur Hilfe nehmen. Mit dem Spatel nimmt er auch die Hummerbutter und das Mark aus dem Panzer.

- Der nächste Arbeitsschritt ist das Lösen und Öffnen der Scheren.
  Mit der einen Hand wird der Arm des Hummers festgehalten und mit der anderen Hand die Schere. Mit einer kurzen Auf-und-ab-Bewegung wird die Schere aus dem Gelenk gedreht; dabei wird der Hummerarm über eine kleine Schüssel gehalten, denn es kann noch Fond aus dem Arm laufen.
- Die abgedrehte Schere wird mit der gewölbten Seite nach oben auf das Tranchierbrett gestellt, dann wird ihre Schale durch einen kurzen kräftigen Schlag mit dem Tranchiermesser eingekerbt und durch eine Drehung gespalten.
  Das Fleisch in den Scheren ist nun gelöst.
- Jetzt wird der Arm auf die gleiche Weise wie beim Zerteilen des Körpers mit einem Längsschnitt gespalten und das Fleisch herausgenommen.
- Das Scheren- und Armfleisch wird dem Gast auf einem frischen Teller angerichtet und ausserviert.

Hummercocktail *(Beschreibung Seite 41)*

Den Hummer präsentieren.

Die Arme mit den Scheren abdrehen.

Den Schwanz mit kräftigem Druck durchschneiden.

Den Hummer um 180 Grad drehen und das Messer wiederum in der Mitte ansetzen.

Den Kopf durchschneiden.

Der Hummer ist in zwei Hälften geteilt.

Den Magen und den Darm entfernen.

Das Hummerfleisch aus der Karkasse nehmen.

Das ausgelöste Hummerfleisch auf einen Teller legen.

Die Beine aus dem Panzer drehen.

Den kleinen Teil der Schere ...

... im Gelenk abdrehen.

Mit dem Rücken des Schlagmessers die Schere einschlagen.

Das Fleisch der Schere herausziehen.

Aus dem kleinen Scherenteil das Fleisch herausziehen.

Die Hummerzange . . .

. . . oder die Hummernadel zu Hilfe nehmen.

Die Teile der Schere auf dem Teller.

## Languste

(frz. *langouste*)

Die Languste lebt in den wärmeren Gewässern des Atlantiks, des Mittelmeers und des Pazifiks sowie in den vom warmen Golfstrom umspülten Gewässern Südenglands und Südirlands.

Sie erreicht, auf felsigem Meeresboden lebend, eine Größe von bis zu 80 cm und ein Gewicht von bis zu 5 kg.

Die Languste gehört zu den Meereskrebsen und ist mit dem Hummer verwandt; sie ähnelt diesem, hat aber keine starken Scheren, sondern lange Fühler.

Ein besonderes Kennzeichen der Languste ist der mit dornartigen Stacheln bewehrte Panzer.

Die Vorbereitung in der Küche und das Tranchieren *beim* Tisch des Gastes erfolgt in der gleichen Weise wie beim Hummer. Jedoch entfällt bei der Languste naturgemäß das Auslösen der Arme und damit auch der Scheren.

Die Mise en place entspricht der beim Hummer.

# Kalte Speisen

## Salate und Cocktails

Beim Zubereiten und Anrichten von Salaten und Cocktails (z. B. Hummercocktail) *beim* Tisch des Gastes sprechen wir von „anmachen".

Salate werden auf Tellern, Speisencocktails im Glas oder in der Glasschale, Coupe genannt, angerichtet.

Die Hauptbestandteile des Cocktails werden auf eine Unterlage von Blattsalaten, meistens Kopfsalat, geschichtet und mit der Sauce nappiert.

Salate bestehen aus Salatgemüsen und/oder aus anderen Lebensmitteln wie Eiern, Geflügel, Fleisch, Fisch, Schalen- und Krustentieren.

Frische Blatt- und Schnittsalate werden erst kurz vor dem Service angemacht.

Marinierte Salate bedürfen einer längeren Zubereitungsdauer und kommen entsprechend vorbereitet aus der Küche.

Blatt- und Schnittsalate müssen in der Küche gründlich geputzt und gewaschen werden sowie gut abgetropft sein. In gekühltem Zustand kommen sie unmittelbar vor dem Service in das Restaurant und werden über das Salatbüfett oder den Salatwagen angeboten.

Werden sie à la carte angeboten und beim Tisch zubereitet, kommen sie portionsweise mit den Zutaten aus der Küche.

*Mise en place:*

Für das Zubereiten und Anrichten von Salaten und Cocktails wird folgendes benötigt:
- Beistelltisch
- Salatschüssel oder Schale
- Cocktailgläser oder Teller
- Vorleger
- Salatbesteck
- Tischschneebesen

Zutaten, die je nach Rezeptur eingesetzt werden:
- Pfeffer
- Salz
- milder Essig
- neutrales feines Öl
- milder Senf (Dijon- oder englischer Senf)
- Worcestershiresauce
- Tabasco
- Ketchup
- Chutneysauce
- Chilisauce
- Sahne
- Crème fraîche
- Mayonnaise
- magerer Joghurt

*Zubereitung*

Die Zutaten kommen nach und nach in die Salatschüssel, zuerst die flüssigen Bestandteile und die Gewürze, so daß eine Sauce entsteht. Mit dem Vorlegebesteck, dem Salatbesteck oder dem Tischschneebesen werden die Zutaten verrührt. Ist die fertige Salatsauce dickflüssig, wird der Salat auf dem Teller angerichtet und – wie bereits beschrieben – mit der Sauce nappiert. Ist die Sauce weniger dickflüssig, werden die festen Bestandteile darin geschwenkt, bevor angerichtet wird. Vor einem Überwürzen sei gewarnt! Deswegen soll man mit der Zugabe von Essig sehr vorsichtig sein. Milder Weinessig oder Balsamico-Essig ist vorzuziehen.

*Anrichteweise und der Service*

Die mundgerecht angemachten Blatt- oder Schnittsalate legt man auf einen Salatteller bzw. auf einen Mittelteller, sofern es sich um einen Beilagensalat handelt. Salat, der als Vorspeise serviert wird, kommt heute oftmals auf einem großen Eßteller angerichtet auf den Tisch, manchmal auch in einer Salatschale oder im tiefen Teller, der auf einen mit einer Manschette versehenen flachen Teller gestellt wird. Für den Gast sind die letztgenannten Anrichteweisen vorteilhaft; der Salat läßt sich besser essen.

Kommt der Salat als Beilage, legt man auf den Salatteller eine Salatgabel an; zu Salat als Vorspeise wird ein Mittelbesteck eingedeckt, zum Speisen-Cocktail eine Mittelgabel und ein kleiner Löffel. Sind die Hauptbestandteile des Cocktails vom Fisch oder von Krustentieren, wird statt der Mittelgabel eine Fischgabel eingedeckt.

## Saucen für Salate und Cocktails

*Cocktailsaucen* sind emulgierte oder nichtemulgierte Saucen, die über die Hauptbestandteile des Cocktails nappiert werden.

*Salatsaucen* (Dressings – dressing ist das englische Wort für Salatsauce) sind von eher flüssiger Konsistenz. Die Bestandteile des Salats werden in der Sauce gemischt, sie können aber auch mit der Sauce nappiert werden.

Für die Zubereitung von Salaten und Cocktails sei hier eine Aufstellung der für Standardsaucen üblichen Materialien gegeben. Jede der genannten Saucen kann in verschiedenen Abwandlungen hergestellt werden.

*French Dressing:*

Essig oder Zitronensaft, Öl, Pfeffer, Salz, Dijon-Senf.

*Sauce vinaigrette:*

Essig, Öl, Pfeffer, Salz, kleingehackte Kapern, Estragon, Kerbel, Petersilie, Schalotten oder Schnittlauch, gehacktes hartgekochtes Ei.

*Thousand-Islands-Dressing:*

Mayonnaise und/oder Sahne, Tomatenketchup, Pfeffer, Salz, Chilisauce, kleinstgeschnittene blanchierte rote und grüne Paprikaschoten, Gewürzgurke, Schalotten, hartgekochtes Ei.

*Cocktailsauce:*

Mayonnaise und/oder Sahne, Essig oder Zitronensaft, Pfeffer, Salz, Zucker, Tomatenketchup, Worcestershiresauce, Tabascosauce, Meerrettich, Weinbrand oder Cognac.

*Beispiel für eine Standardcocktailsauce für Krustentiere* (Abwandlungen sind möglich, je nach Hauptbestandteil und Rezeptur):

Mayonnaise, Ketchup, Weinbrand oder Cognac, Meerrettich, Zitronensaft, Orangensaft, Worcestershiresauce, Salz, Pfeffer, Cayennepfeffer.

*Abwandlungen:*

Chutneysauce, Chilisauce, Curry, Dijon-Senf, Sherry oder Whisky, eingelegte Früchte, kleingeschnittenes Orangenfleisch, Bananenstücke, gehackte Oliven, gehackte Kräuter (Petersilie, Dill, Kerbel), Crème fraîche oder Joghurt.

*Garnitur:*

Besonders schöne Medaillons oder Scheren der Krustentiere, Spargelspitzen, Champignons, krause Petersilie, Tomatenspalten, Orangen- oder Zitronenscheiben, Ananasstücke, Cocktailkirschen.

## Geflügelcocktail oder Geflügelsalat

Beispiel für die Zutaten:
Kleingeschnittenes gegartes Hühner- oder Putenfleisch, Ananasstückchen, Mandarinenfilets, Mayonnaise und/oder Joghurt, Tomatenketchup, Curry, Paprikapulver, Pfeffer, Salz, Zitronensaft, Kopfsalatblätter, Spargelspitzen, Champignonköpfe, krause Petersilie.
Die Zubereitungs- und Anrichteweise erfolgt wie bereits beschrieben.

## Beefsteak Tatar

Das beim Tisch zubereitete Beefsteak Tatar erfreut sich ständiger Beliebtheit. Hier wird ein Standardrezept vorgestellt, welches Allgemeingültigkeit hat.

Weil Beefsteak Tatar ein sehr inviduelles Gericht ist, sind persönliche Geschmacksrichtungen des Gastes natürlich zu berücksichtigen. Der Gast sollte, bevor die Restaurantfachkraft mit der Arbeit beginnt, gefragt werden, ob er zum Beispiel ein Sardellenfilet hineingearbeitet haben möchte.

Wenn mehrere Personen an einem Tisch Beefsteak Tatar bestellen, ist es womöglich sehr schwierig, die einzelnen Geschmackswünsche der Gäste zu berücksichtigen. Dann muß unter Umständen jede Portion einzeln angemacht werden.

Das Abschmecken durch den Gast ist nicht üblich; auf keinen Fall aber darf die Restaurantfachkraft vor den Augen des Gastes abschmecken. Die Ausgewogenheit der Zutaten muß einfach gegeben sein, so daß ein Abschmecken nicht notwendig ist.

Zubereitung:
- feingehackte Kapern auf dem Teller oder in der Schüssel mit etwas Salz bestreuen und zerdrücken (Das Salz erhöht die Reibung, und das Zerdrücken geht leichter.)
- Sardellenfilet zerdrücken
- ein paar Tropfen Essig, wenig neutrales Öl, etwas Paprika, 1/2 TL Delikateßsenf, 1 Prise Salz und schwarzen Pfeffer aus der Mühle mit den Kapern und dem Sardellenfilet gut mischen
- Fleisch darunterheben und mit der Gabel und dem Löffel gründlich vermischen, aber nicht schaumig schlagen
- Zwiebeln und auf Wunsch des Gastes ein rohes Eigelb daruntergeben
- das angemachte Tatar mit dem Vorlegebesteck zu einer Portion formen und auf den Eßteller setzen
- mit der Gabel etwas flach drücken
- mit Zwiebelringen und etwas Garnitur (Salatblatt, Petersilie, Tomatenecke, Gurkenscheibe) garnieren

Weitere Zutaten je nach Geschmack:
Worcestershiresauce, Tabasco, Tomatenketchup, Gewürzgurke, ungesüßte Schlagsahne, als Spirituosen Weinbrand, Cognac, Calvados, Whisky.

Beilagen: verschiedene Brotsorten (Weißbrot, Graubrot, Schwarzbrot), Butter, gesalzene Landbutter, Roggenbrötchen, kleine Kartoffelpuffer (Kartoffelplätzchen).

# Beefsteak Tatar

Mise en place:
- ein Beistelltisch
- ein flacher oder ein tiefer Teller mit Rand
  oder
  bei mehr als zwei Portionen eine mittelgroße flache, runde Schüssel aus Glas oder Porzellan
- kalte flache Teller zum Anrichten
- Löffel und Gabel
- ein Tablett mit den Zutaten

Zutaten: Für 1 Portion
180 bis 200 g frisches, mageres, feingehacktes Rindfleisch ohne Sehnen (mit einem Fettgehalt von höchstens 6 %),
1 Eigelb,
1 kleines Sardellenfilet,
5 bis 6 Kapern,
feingeschnittene Zwiebeln,
Weinessig,
neutrales Öl,
mittelscharfer Senf,
Salz,
schwarzer Pfeffer aus der Mühle,
Paprika, edelsüß.

Präsentieren der Zutaten.

Mit der Gabel und dem Löffel die Sardellen ...

... und die Kapern zerdrücken.

Essig und Öl hinzugeben.

Etwas Paprika darüberstreuen.

Mit Salz und Pfeffer würzen.

Etwas Senf dazugeben ...

... und das Ganze verrühren.

Das Fleisch und die Zwiebeln in den Teller geben.

Die Marinade mit den Zwiebeln und dem Fleisch gut vermengen.

Auf Wunsch ein frisches rohes Eigelb hinzufügen ...

... das Eigelb gut mit dem Fleisch vermengen und portionsweise auf den Tellern anrichten.

# Fische

# Fische

Zu den Arbeiten *beim* Tisch des Gastes gehört auch das Zerlegen (Filieren, Filetieren), das Garen und das Flambieren von Fischen, ebenso das Tranchieren von gebeizten oder geräucherten Lachsseiten, das Zerlegen von geräuchertem Aal oder geräucherter Forelle.

Am häufigsten werden Portionsfische wie Bach-, Regenbogenforelle oder Seezunge zerlegt, oftmals auch Karpfen.

Für mehrere Personen bieten sich Lachsforelle, im ganzen gebratener Lachs oder Steinbutt (Babybutt) an. Seltener kommt Heilbutt, im ganzen zubereitet, in das Restaurant.

Beim Zerlegen von mehreren Portionsfischen oder einem Fisch für mehrere Personen ist ein besonders zügiges und fachgerechtes Arbeiten erforderlich, weil die Speise sehr schnell auskühlt. Darum ist unbedingt auf gute Mise en place zu achten, d. h. auf heiße Teller, heiße Platten und Rechaudplatten, ebenso auf schnelles Abholen vom Paß.

Die Mise en place beim Tisch des Gastes ist, wie bereits beschrieben, unmittelbar nach dem Entgegennehmen der Bestellung vorzunehmen, nicht erst in letzter Minute.

*Einteilung der Fische*

Die Fische können in verschiedene Gruppen eingeteilt werden:

nach ihrer Herkunft in Süß- und Salzwasserfische (bzw. Seewasserfische);

nach ihrem Aussehen in Rund- und Plattfische.

Zu den Süßwasserfischen gehören:
- Karpfen
- Forelle
- Hecht
- Zander
- Schleie
- Felchen, die Renke und Muräne

Alle Süßwasserfische sind Rundfische. Im Restaurant beim Tisch des Gastes werden in erster Linie Forelle und Karpfen filetiert. Beide Fische können blaugekocht, gebraten oder gedünstet zubereitet werden.

Man unterscheidet bei den Salzwasserfischen nach dem Aussehen zwei Arten:

1. Plattfische
2. Rundfische

Zu den Plattfischen zählen:
- Seezunge
- Rotzunge
- Scholle
- Flunder
- Steinbutt
- Heilbutt

Zu den Rundfischen zählen:
- Kabeljau
- Schellfisch
- Seehecht
- Hering
- Makrele
- Seeteufel
- Seewolf
- der Peterfisch

Die Zubereitungsarten von Fisch:
- Kochen
- Braten
- Backen
- Fritieren
- Dünsten
- Pochieren
- Grillen

*Die Wanderfische*

Der Aal und der Lachs sind Wanderfische. Der Aal lebt in den Flüssen und wandert zum Laichen ins Meer.

Der Lachs lebt im Meer und wandert zum Laichen die Flüsse aufwärts in die Nähe der Quellengebiete.

Der zum Laichen flußaufwärts wandernde Lachs wird Salm genannt.

Er ist noch fett und daher sehr wohlschmeckend.

Der flußaufwärts wandernde Fisch nimmt keine Nahrung auf. Er frißt sich seine Reserven für die Wanderung im Meer an.

Für die Arbeiten *beim* Tisch des Gastes hat der Aal nur eine geringe Bedeutung. Es sei denn, er kommt in einer Kokotte oder in einer Schüssel angerichtet in das Restaurant und wird vom Beistelltisch aus serviert.

*Lachsforelle*

Die Lachsforelle ist eine rotfleischige Süß- oder Salzwasserforelle. Heute wird sie zunehmend von Süßwasserfischzuchten angeboten. Ihre Größe und Farbe ist ernährungsbedingt.

*„Blaukochen"*

Zum „Blaukochen" eignen sich:

- Lachsforelle
- Forelle
- Karpfen
- Schleie
- Aal

Diese Fische haben kein Schuppenkleid, sondern eine mit einer Schleimschicht überzogene Haut, die sich durch langsames Garziehen im Wasser bei einer Temperatur unter dem Siedepunkt bei frischen Fischen blau färbt.

Diese Haut wird von der Restaurantfachkraft vor den Augen des Gastes entfernt, der Fisch wird dann filetiert serviert.

Selbstverständlich kann das Enthäuten auch vom Gast selbst vorgenommen werden.

Dies gilt auch für alle durch Garziehen zubereiteten Fische.

*Mise en place für das Filetieren vom Fisch:*

- großes Fischbesteck (Fischvorleger)
- normales Fischbesteck
- Vorleger (Löffel und Gabel)
- Rechaudplatten
- Abfallteller

Man spricht beim Zerlegen des Fischs vom Filieren oder Filetieren. Man schneidet keine Tranchen, sondern zerlegt und hebt die Stücke ab.

Bei gebeizten oder geräucherten Lachsseiten spricht man vom Tranchieren. Hierzu benutzt man ein Lachsmesser.

# Forelle blau

*(frz. truite au bleu)*

Wenn die Forelle blau aus der Küche kommt, so ist sie in der Regel im Fischkessel oder in der Kokotte stehend angerichtet. Bei dieser Anrichteweise ist ein optimaler Warmhaltegrad möglich.

Bei der klassischen Anrichteweise wird die Forelle auf einer Platte, die mit einer Tuchserviette drapiert ist, angerichtet. Das sieht zwar schön aus, birgt aber die Gefahr in sich, daß die Forelle schnell auskühlt. Sind nur ein oder zwei Fische im Geschirr angerichtet, so reicht der Platz für ein Arbeiten im Anrichtegeschirr aus. Ansonsten wird die Forelle vorsichtig auf einen großen heißen Teller gehoben und darauf filetiert.

Ist die Forelle im Fischkessel auf einem Siebeinsatz angerichtet, wird der Einsatz mit zwei Gabeln angehoben und mit den Bügeln am Kesselrand befestigt. Man arbeitet in diesem Fall also direkt vom Einsatz aus.

In jedem Fall wird der Fisch von Garnitur oder Wurzelwerk befreit. Die Garnitur wird beim Anrichten auf dem Teller wieder Verwendet.

Mit dem Fischbesteck entfernt man die Seiten- und Rückenflossen. Man kann für das Filetieren auch ein Vorlegebesteck benutzen; dies ist eine Frage der persönlichen Gewohnheit oder Geschicklichkeit.

Dann trennt man die Haut vor der Schwanzflosse und hinter dem Kopf ab und schneidet sie beim Kopf beginnend über den Rücken entlang der Mittelgräte bis zum Schwanz hin durch.

Nun fährt man mit dem Fischmesser wieder beim Kopf beginnend unter die Haut und zieht diese vom Rücken zum Bauch herunter.

Die Forelle im Fischkessel präsentieren.

Der Fischkessel steht auf dem Rechaud – das Einsatzsieb nimmt man mit zwei Gabeln hoch.

Die Bügel in die Halterung klemmen.

Die Forelle von der Garnitur befreien.

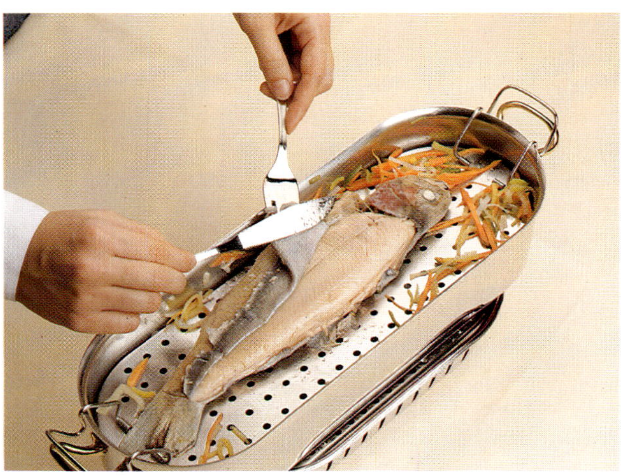

Die Rücken- und Seitenflossen entfernen und die Haut vom Rücken zum Bauch hin abziehen.

Das Rückenfilet abheben.

Das Bauchfilet abheben.

Die Bäckchen herausnehmen.

Der untere Teil der Forelle wird umgedreht.

Nachdem die Haut abgezogen wurde, liegen die Filets frei auf der Gräte.

Ist die Forelle liegend angerichtet, muß das Geschirr so ausgerichtet sein, daß sie mit der Bauchseite zum Trancheur hin liegt. Nach dem Entfernen der Haut trennt man mit leichtem Schnitt das Rücken- vom Bauchfilet und hebt zuerst das Rückenfilet ab. Dieses legt man dann vorsichtig auf den heißen Eßteller. Anschließend folgt das Bauchfilet. Die Mittelgräte liegt nun frei auf der unteren Hälfte der Forelle.

Jetzt wird diese Hälfte umgedreht, so daß die Haut nach oben kommt. Man entfernt die Haut wie beschrieben und richtet die Forellenfilets neben den anderen auf dem Eßteller gefällig an.

Die an den Kiemen befindlichen Bäckchen gelten als Delikatesse. Sie werden vorsichtig vom Kopf entfernt und sichtbar mit auf dem Teller angerichtet. Auf dem Teller werden nun Kartoffeln oder Reis angerichtet und mit Garnitur, Zitrone, Petersilie, Salatblatt, Tomate und/oder Wurzelwerk versehen.

Die zerlassene Butter wird nach Abfragen des Gastes über die Forellenfilets nappiert.

Einen besonders aufmerksamen Service bietet man dem Gast, wenn man zuerst die eine Hälfte des Fischs anrichtet, die zweite Hälfte dagegen als Nachservice (Supplement) auf einem zweiten Teller anrichtet, diesen auf einer Rechaudplatte warm stellt und dann mit einem sauberen Besteck dem Gast nachserviert.

Auf einem kleinen Teller bekommt der Gast Zitronenecken bzw. eine halbe Zitrone gereicht.

# Forelle nach Müllerinart

*(frz. truite à la meunière)*

Die Garnitur Müllerinart wird häufig bei der Forelle, Lachsforelle und der Seezunge angewendet.

Die Fische werden zum Braten in der Küche vorbereitet, mit Salz und Zitronensaft gewürzt, mehliert und in heißem Fett gebraten, dann auf einer Platte angerichtet, mit geklärter Butter übergossen, mit feingehackter Petersilie bestreut und mit Zitronenscheiben garniert.

Die gebratene Forelle kommt auf der Platte angerichtet aus der Küche. Man stellt die Platte nach dem Präsentieren so auf die heiße Rechaudplatte, daß man die Bauchseite des Fischs vor sich hat.

Nach dem Beiseitelegen der Garnitur werden die Seiten- und Rückenflossen mit dem Fischbesteck oder dem Vorleger entfernt sowie der Kopf und die Schwanzflossen abgetrennt.

Weil bei der gebratenen Forelle die Haut mitgegessen wird, wird der Fisch nicht enthäutet.

Nun schneidet man die Haut am Kopf beginnend den Rücken entlang bis zum Schwanz hin durch.

Mit einem zweiten Schnitt fährt man wieder vom Kopf aus den Rücken entlang, hebt die obere Fischhälfte ab und legt sie, mit der Haut nach unten, zur Seite oder auf den Eßteller. Die eventuell noch vorhandenen Gräten entfernt man mit dem Vorlegelöffel oder dem Fischmesser, indem man leicht über das Fischfleisch fährt.

Nun faßt man die freiliegende Mittelgräte mit der Gabel und zieht sie weg. Falls es notwendig ist, hilft man mit dem Löffel noch etwas nach.

Sind auch von der zweiten Hälfte die restlichen Gräten entfernt, klappt man diese Hälfte so auf die erste, daß sie zusammen aussehen wie ein ganzer Fisch. Anschließend legt man diesen auf den Eßteller und fügt die Garnitur hinzu. Die Beilagen, Kartoffeln oder Reis, richtet man ebenfalls mit an.

Die auf der Platte befindliche Zitronenbutter (Bratensaft) wird nach Befragen des Gastes über die angerichtete Forelle nappiert.

Auch bei der gebratenen Forelle dürfen die Bäckchen nicht vergessen werden; diese legt man gut sichtbar mit auf den Eßteller.

Den Bratensaft nimmt man mit dem Vorlegelöffel von der Platte. Wenn man die Platte leicht anhebt, läßt sich der Saft besser wegschöpfen.

Wie bei der Forelle blau kann man ebenfalls mit einem Nachservice arbeiten.

Dann legt man die erste Hälfte mit der Haut nach unten auf den Eßteller, richtet die Beilagen und die Garnitur an, nappiert etwas Zitronenbutterfond über den Fisch und serviert den so angerichteten ersten Teller dem Gast.

Die zweite Hälfte wird auf einen heißen Teller angerichtet und auf einer Rechaudplatte zum Nachservice bereitgestellt.

An den Anfang des Nachservice gehört das Nachdecken eines sauberen Bestecks.

Eine halbe Zitrone, mit einer Gabel versehen, wird auf einem kleinen Teller separat eingesetzt.

Die Forelle präsentieren.

Die Garnitur entfernen.

Die Flossen abnehmen.

Die Bäckchen herausnehmen.

Mit dem Fischmesser am Kopf beginnend den Rücken längs einschneiden, die obere Hälfte der Forelle abheben...

...und mit der Haut nach unten auf den Teller legen.

Mit dem Vorleger die Mittelgräte herausheben.

Die zweite Hälfte wird auf die erste gelegt.

Die angerichtete Forelle wird mit der zerlassenen Butter nappiert.

# Lachsforelle

*(frz. truite saumonée* oder *truite de mer)*

*Die Lachsforelle, gebraten*

Die gebratene Lachsforelle wird wie die gedünstete oder pochierte behandelt. Die etwas kroß gebratene Haut wird auch bei ihr abgezogen. Jedoch kann sie auf Wunsch des Gastes mitserviert werden.

Oftmals wird von der Küche gebräunte Butter über die Lachsforelle gegossen, diese wird dann wie bei der Forelle nach Müllerinart über den Fisch auf den angerichteten Teller nappiert.

Die gedünstete Lachsforelle kommt im Fischkessel oder auf einer Fischplatte für zwei oder mehr Personen aus der Küche.

Beim Fischkessel wird der Einsatz mit zwei Gabeln hochgehoben und an den Kesselrand geklemmt. Es wird direkt vom Einsatz aus gearbeitet. Ist der Fisch auf einer Fischplatte angerichtet, dann arbeitet man von dieser aus.

Zuerst wird die Lachsforelle vom Wurzelwerk befreit, dann trennt man den Kopf und die Schwanzflosse mit dem Fischmesser oder dem Vorleger ab.

Aus dem Kopf unter den Kiemen nimmt man die Bäckchen heraus und legt diese auf einen vorgewärmten Teller.

Nachdem die Rücken- und Seitenflossen entfernt sind, wird die Haut mit dem Fischmesser am Rücken längs eingeschnitten. Man beginnt am Kopfende, dann zieht man die Haut ebenfalls am Kopfende beginnend vom Rücken zum Bauch hin ab.

Die Abfälle auf einen bereitstehenden Teller legen. Die nun freiliegenden Filets löst man mit dem Fischmesser der Länge nach ab. Zuerst schneidet man bis zur Mittelgräte ein. Darauf fährt man, am Kopfende beginnend, mit dem Messer bis zum Schwanzende.

Abschließend trennt man nun das Bauch- vom Rückenfilet. Dann teilt man mit Querschitten den Fisch in nicht zu kleine Portionen und hebt diese ab.

Auf den bereitstehenden heißen Tellern richtet man den Fisch an.

Es muß darauf geachtet werden, daß die Portionen gleichmäßig verteilt werden, so daß jeder Gast vom Rücken- und Bauchfilet bekommt.

Die Beilage kommt ebenfalls mit auf den Teller. Der Fisch wird mit dem Wurzelwerk garniert und mit etwas Fischsud nappiert. Wird aber eine Buttersauce gereicht, muß der Gast gefragt werden, ob er trotzdem Fischsud möchte, denn der Fischsud verwässert die Buttersauce.

Die Buttersauce oder Sauce mousseline reicht man getrennt dazu. Auch hier wird auf einem eigenen Teller mit einer Gabel eine halbe Zitrone eingesetzt.

Nun folgt das Filetieren für den zweiten Service.

Mit der Gabel faßt man die freiliegende Mittelgräte, fährt mit dem Messer darunter, zieht die Gräte nach oben und drückt das Fleisch leicht nach unten.

Ist die Gräte entfernt und zu den anderen Abfällen auf den Teller gelegt, prüft man, ob noch restliche Gräten am Fisch sind, und entfernt diese.

Die zweite Hälfte der Forelle wird umgedreht, so daß die Haut oben liegt; sie kann dann ebenfalls abgezogen werden. Anstatt die ganze kann man auch Teile der Forellenhälfte umdrehen und abziehen.

Der Fisch wird nun, wie vorher beschrieben, zerteilt und auf heißen Tellern angerichtet, die ebenfalls mit der Garnitur und den Beilagen versehen sind.

Diese Teller für den Nachservice stellt man auf Rechaudplatten heiß.

Die Lachsforelle.

Den Kopf und die Flossen abtrennen.

Die Bäckchen herausnehmen.

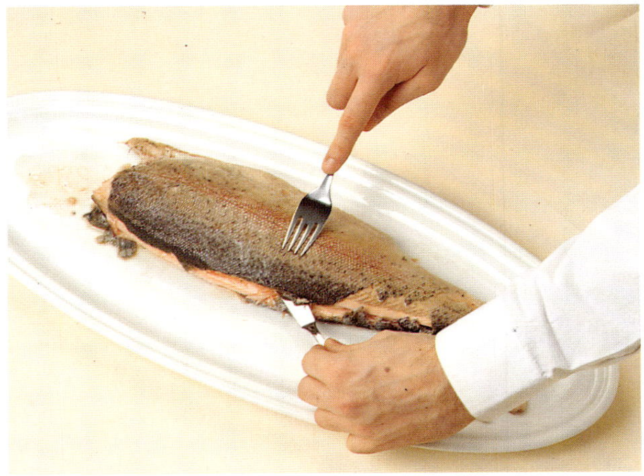

Mit dem Fischmesser den Rücken einschneiden.

Die Haut abziehen und auf den Ablageteller legen.

Mit einem Längsschnitt das Rücken- vom Bauchfilet trennen.

Die Filets in Portionsstücke teilen.

Die Mittelgräte abheben.

# Seezunge *(frz. sole)*

Die Seezunge gehört, wie die Rotzunge und der Heilbutt, zu den Plattfischen. Die Tarnfarbe auf der rechten Seite reicht vom Grau mit dunklen Flecken bis hin zum Schwarzbraun. Die Blindseite ist weißgrau. Die Seezunge lebt auf dem Meeresboden und wird gerade durch ihre Färbung geschützt. Das Maul ist abgerundet. Ihr Körper flach und zungenähnlich. Sie erreicht eine Größe von 30 bis 40 cm und mehr. Ihr ideales Gewicht liegt bei 400 g.

Ihr Verbreitungsgebiet ist das Mittelmeer und die Westküste Afrikas, die westeuropäische Atlantikküste von der Bucht von Biskaya durch den Ärmelkanal bis hinauf nach Drontheim; ebenso fischt man sie im Kattegat, in der westlichen Ostsee und sogar im Schwarzen Meer. Das Hauptfanggebiet ist die Nordsee.

Die Seezunge kommt meistens nicht tiefgefroren in die Küche. Vor der Weiterverarbeitung wird die Haut vom Schwanz zum Kopf hin abgezogen. (Die Haut der Rotzunge hingegen vom Kopf zum Schwanz!) Die Flossen und Seitengräten werden ebenfalls entfernt. Die Seezunge mit ihrem weißen, festen und sehr schmackhaften Fleisch gehört zu den beliebtesten Fischen. Dies beweist die große Zahl der Rezepte der feinen Küche.

Für das Filetieren *beim* Tisch des Gastes ist sie bestens geeignet. Ob die Seezunge durch Garziehen, Braten oder Backen zubereitet wird, wirkt sich auf das Filetieren nicht aus, das Filetieren erfolgt in allen Fällen nach der gleichen Methode.

## Seezunge nach Müllerinart

(frz. *sole à la meunière*)

*Mise en place:*

- Fischbesteck
- Vorleger
- heiße Teller
- Rechaudplatten
- Abfallteller

In den Restaurants werden im allgemeinen Portionsseezungen angeboten. Sie haben ein Gewicht von ca. 400 g.

Die Seezunge wird in der Küche enthäutet und bratfertig zubereitet, mehliert. Sie wird im ganzen gebraten und nach dem Anrichten auf der Platte mit abgelöschter Butter übergossen, mit gehackter Petersilie bestreut und mit Zitronenscheiben garniert.

Es gibt zwei Methoden, sie zu filetieren.

*Erste Methode*

Nach dem Präsentieren setzt man die Platte auf das heiße Rechaud. Dann legt man die Garnitur zur Seite. Man arbeitet mit dem Vorleger, kann aber auch das Fischbesteck benutzen.

Zuerst wird an beiden Seiten der Grätenkranz weggedrückt. Es muß sauber gearbeitet werden, damit keine Gräten zurückbleiben. Dann fährt man mit dem Löffel oder Fischmesser vom Kopf bis zum Schwanz an der Mittelgräte entlang. Danach führt man den Löffel wieder vom Kopf aus zwischen die Mittelgräte und das rechte obere Filet und hebt dieses ab, indem man den Löffel zum Schwanz hin bewegt. Nun vollzieht man die gleichen Arbeitsschritte, wieder am Kopf beginnend, um das andere obere Filet abzuheben.

Beide Filets werden dann auf den heißen Tellern angerichtet, die Beilagen und die Garnitur hinzugefügt, die Buttersauce wird über den Fisch nappiert und der auf diese Weise schön angerichtete Teller dann eingesetzt.

Die Abfälle legt man nun auf einen bereitstehenden Teller.

Die noch auf der Platte verbliebenen Filets bereitet man nun für den Nachservice vor. Mit der Gabel faßt man, am Kopfende beginnend, die Mittelgräte, geht mit dem Löffel unter die Gräte und und lockert diese so, daß man sie abheben kann. Jetzt hat man die beiden unteren Filets vor sich liegen, diese richtet man auf einem zweiten heißen Teller an, indem man die noch vorhandenen Beilagen und die Garnitur hinzugibt. Dann nappiert man diese Filets mit der zerlassenen Butter. Die angerichteten Teller stellt man auf eine heiße Rechaudplatte und läßt sie dort stehen, bis sie eingesetzt werden.

Für den Nachservice deckt man ein sauberes Fischbesteck nach.

*Zweite Methode*

Auch bei dieser Methode wird der Grätenkranz mit dem Löffel weggedrückt, und restliche kleine Gräten werden sauber entfernt. Die Abfälle legt man auf den bereitstehenden Teller und die Garnitur auf den Rand der Platte.

Nun fährt man, wie schon beschrieben, mit dem Löffel vom Kopf bis zum Schwanz an der Mittelgräte entlang und trennt den Schwanz ab. Dann nimmt man statt des Löffels eine zweite Gabel und sticht mit dieser unmittelbar neben der Mittelgräte zwischen den Seitengräten ein. Mit beiden Gabeln zieht man gleichzeitig das obere und das untere Filet beidseitig von der Mittelgräte weg, wieder am Kopf beginnend.

Nach diesem Vorgang liegen das obere und das untere Filet aufeinander, links und rechts neben der Mittelgräte.

Die Abfälle nimmt man von der Platte und legt sie auf den bereitstehenden Teller.

Nun wird die Hälfte der Seezunge auf dem heißen Eßteller angerichtet und mit der Beilage versehen. Die Zitronenscheibe und etwas Garnitur fügt man hinzu.

Man nappiert die Seezungenfilets mit Buttersauce.

Die auf der Platte verbliebenen Filets richtet man nun auf einem zweiten Teller an und stellt diesen warm, um ihn im Nachservice mit sauberem Fischbesteck zu servieren.

Merke:
Portionsfische können aus rationellen Gründen auf einmal serviert werden. Dem feinen Service ist aber ein Nachservice zu empfehlen, wenn die Voraussetzungen dafür gegeben sind.

Präsentieren der Seezunge.

Die Garnitur entfernen.

Die Seitengräten mit dem Löffel wegdrücken.

Mit dem Löffel an der Mittelgräte entlangfahren.

Mit dem Löffel die Filets von der Mittelgräte lösen.

Die Mittelgräte liegt frei.

Mit Löffel und Gabel die Mittelgräte abheben.

Zur zweiten Methode: Die Seitengräten sind entfernt, und mit dem Löffel fährt man an der Mittelgräte entlang.

Mit zwei Gabeln zieht man das obere und untere Filet gleichzeitig an beiden Seiten von der Mittelgräte weg.

Die vier Filets und die Mittelgräte.

Mit dem Vorleger legt man die Filets auf den Teller.

## Rotzunge

(frz. *limande*)

Die Rotzunge hat annähernd die gleiche Beschaffenheit wie die Seezunge. Sie wird ebenso wie diese in der Küche vorbereitet.

Beim Ablösen der Filets – in der Küche oder beim Gast – muß man jedoch sehr vorsichtig hantieren, denn das Fleisch der Rotzunge ist zarter als das der Seezunge und zerbricht daher leichter.

Angerichtet und serviert wird die Rotzunge auf die gleiche Weise wie die Seezunge.

# Babysteinbutt

(frz. *turbotin*)

Auch der Steinbutt gehört zu den Plattfischen. Er ist wohl der größte Vertreter seiner Gattung.

Er wird den Edelfischen zugerechnet, weil sein Fleisch besonders wohlschmeckend ist. Der Steinbutt hat dieselbe anatomische Struktur wie die Seezunge.

Größere Exemplare werden portionsweise in der Küche zubereitet und angerichtet.

Kleinere, wie der Babysteinbutt, kommen, je nach Größe, für zwei oder mehrere Personen, im ganzen zubereitet ins Restaurant.

Die bevorzugte Zubereitungsart ist das Braten. Der Fisch kann auch pochiert werden.

Zerlegt, angerichtet wird er *beim* Tisch des Gastes.

*Filetieren des Babysteinbutts*

Der Steinbutt wird auf einer Silberplatte in der Küche angerichtet. Der Fisch liegt mit der dunklen Seite nach oben auf der Platte.

Die Kopfstelle wird mit einer Garnitur, bestehend aus Blattsalat, Petersilienstrauß und Zitrone, geschmückt. Oftmals wird der Kopf am Babysteinbutt belassen. Dann entfernt man, wieder wie bei der Forelle, die Bäckchen und legt sie auf die Seite.

Nach dem Präsentieren wird die Platte auf die vorbereiteten Rechaudplatten gestellt. Der Trancheur nimmt mit dem Fischbesteck oder dem Vorlegebesteck zuerst die Seitengräten weg, indem er sie vom Fisch wegschiebt und sie auf den Ablageteller legt.

Auch das an den Gräten zurückgebliebene Fleisch wird von manchen Gästen gewünscht, in diesem Fall legt die Fachkraft die Gräten auf einen angewärmten Mittelteller und setzt diesen separat ein.

Nachdem der Schwanz auch entfernt wurde, wird die dunkle Haut abgezogen und auf den Ablageteller gelegt. Dann wird der Fisch mit dem Fischmesser in Portionsstücke eingeteilt. Der Trancheur ritzt dazu mit dem Fischmesser die Haut ein, und zwar entlang der Mittelgräte vom Kopf bis zum Schwanz.

Bei größeren Fischen markiert er einen weiteren Längsschnitt an jeder Seite. Die Einteilung erfolgt dann quer zur Mittelgräte.

Bei frischen, pochierten Fischen bilden sich Risse, welche dann als Vorgabe für die Portionierung gelten sollten.

Nach dem Markieren beginnt das eigentliche Zerlegen. Hierzu schneidet man mit dem Fischmesser wieder am Kopfende beginnend das Fleisch bis zur Mittelgräte herunter ein, dann werden die Stücke quer zur Mittelgräte eingeschnitten, man hebt sie dann einzeln mit dem Fischbesteck oder dem Vorleger ab und setzt sie auf den heißen Eßteller, richtet die Beilagen an, garniert den Teller aus und nappiert den Fisch mit etwas zerlassener Butter oder der zum Steinbutt gereichten Sauce.

Beim Zerlegen des Fischs ist darauf zu achten, daß aus der kleineren Seite naturgemäß weniger Stücke geschnitten werden können als aus der großen.

Ist die obere Hälfte des Steinbutts serviert, bereitet man für den Nachservice die untere, also die helle Bauchseite vor. Man entfernt die freiliegende Mittelgräte, indem man mit der Gabel zum Kopf hin zwischen die Gräten fährt, diese dann hochzieht und auf den Ablageteller legt. Ist die Gräte zu groß, um auf einmal abgehoben zu werden, zerteilt man sie mit dem Löffelrücken des Vorlegers und hebt sie stückweise ab.

Nun liegt die untere Hälfte des Fischs vor uns. Die restlichen Seitengräten und sonstige Abfälle werden entfernt, so daß die Platte sauber aussieht.

Jetzt werden wieder einzelne Portionsstücke herausgearbeitet.

Beim Zerlegen der weißen Bauchseite wird die gallertartige Haut mit auf den Teller gelegt. Nur wenn der Gast es wünscht, wird sie zurückgelassen.

Die herausgearbeiteten Portionsstücke legt man auf heiße Teller für den Nachservice. Kann dieser nicht sofort erfolgen, bleiben die Stücke auf der Platte liegen, bis sie serviert werden können.

Der Nachservice kann aber auch über eine zweite heiße Platte erfolgen. Man legt die gesäuberten Stücke auf diese Platte und stellt sie warm, um sie im Vorlegeservice direkt auf den Teller des Gastes zu servieren.

Die Beilagen werden dann dem Gast ebenfalls vorgelegt.

## Scholle

(frz. *plie* oder *carrelet*)

Die Scholle wird in der Regel als Portionsfisch gebraten zubereitet.

Da die Scholle im gegarten Zustand eine sehr weiche Konsistenz aufweist, empfiehlt es sich, den Fisch im ganzen dem Gast auf den Eßteller zu legen oder, wenn die Scholle zu groß ist, sie zu halbieren und im Nachservice die zweite Hälfte, das Schwanzstück, zu servieren.

Man zerteilt die Scholle in zwei Hälften, indem man mit dem Vorlegelöffel die Mittelgräte durchdrückt.

Der Nachservice wird auf einem Rechaud warm gehalten.

Der Schollenliebhaber weiß um die Mühe, beim Essen mit den Gräten fertig zu werden. Ein geschickter Esser läßt nur ein kleines Häuflein Gräten zurück, weil er auch das Fleisch von den Randgräten entfernt und diese auf den Grätenteller beiseite legt.

Von den Beilagen wird etwas mit auf den Eßteller gelegt, und nach Bedarf wird nachserviert. Sollte die Scholle filetiert werden, geschieht dies auf die gleiche Art und Weise wie bei der Seezunge, denn die Scholle hat einen ähnlichen Körperbau.

Nur, es muß, wie bereits gesagt, sehr vorsichtig gearbeitet werden, denn da das Fleisch sehr weich ist, zerfällt es sehr leicht.

Angerichtet und serviert wird die Scholle wie die Seezunge.

Anmerkung:

Zu gebratenem Fisch wird oftmals frische Zitrone gereicht. Dies kann folgendermaßen geschehen:

a) Zitronenscheiben ohne Schale werden als Garnitur mit auf den Fisch gelegt.
b) Zitronenspalten kommen im Zitronenhalter auf einen kleinen Teller und werden separat eingesetzt.
c) Eine halbe Zitrone, das Ende oder die Blüte ist abgeschnitten, wird auf einem kleinen Teller, mit einer kleinen Gabel versehen, separat eingesetzt.

Den Steinbutt präsentieren.

Die Seitengräten und den Kopf abtrennen.

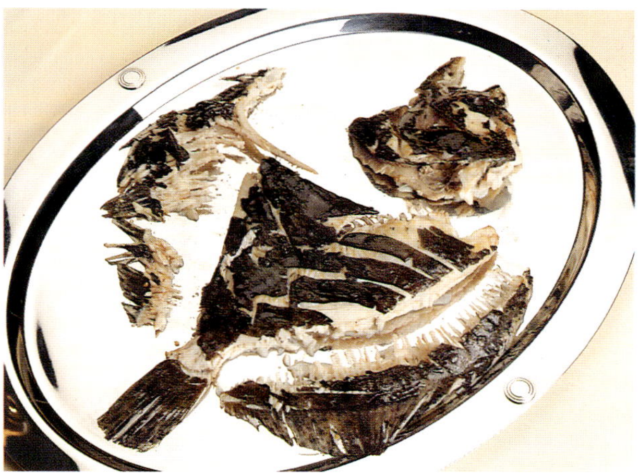

Der vom Kopf und den Seitengräten befreite Steinbutt.

Herausnehmen der Bäckchen.

Abtrennen des Schwanzes.

Mit dem Fischmesser an der Mittelgräte entlangfahren (schneiden).

Die dunkle Haut abziehen.

Mit dem Fischmesser die Portionsstücke einteilen.

Portionsstücke auf den Teller legen.

Mit dem Vorleger wird die Mittelgräte abgehoben.

Die untere Hälfte des Steinbutts wird portioniert.

# Lachssteak

Als Fischsteak bezeichnet man im Fachjargon ein Portionsstück vom Steinbutt, Heilbutt, Lachs, Angelschellfisch oder Kabeljau, welches quer zur Mittelgräte geschnitten ist. Auf der Speisekarte und im Verkehr mit dem Gast spricht man von Lachssteak, Steinbuttsteak usw. Es hat noch Haut und Knorpel und wird auch in dieser Form zubereitet. Es kann gebraten, gegrillt, pochiert oder gedünstet sein und kommt auf einer Platte angerichtet ins Restaurant.

Nach dem Präsentieren entfernt man *beim* Tisch des Gastes die Haut und die Gräten. Hierzu fährt man, an der dicken Stelle beginnend, mit dem Fischmesser zwischen Haut und Fleisch und zieht die Haut zum dünnen Ende hin ab. Dies wiederholt man an der anderen Seite des Stücks.

Nun teilt man das Fischsteak in der Mitte und entfernt die Mittelgräte, indem man mit dem Fischmesser zwischen Fleisch und Gräte geht.

Die von Haut und Gräten befreiten Stücke werden nun auf dem heißen Teller angerichtet, mit den Beilagen versehen und serviert.

Auch hier kann mit einem Nachservice gearbeitet werden.

Das Lachssteak präsentieren.

Das Lachssteak auf dem Teller.

Mit dem Fischmesser zwischen Haut und Fleisch fahren.

Ringsum die Haut ablösen.

Das Dreieck der Mittelgräte herausnehmen.

Das filetierte Lachssteak. (Die Abfälle müssen entfernt werden!)

# Lachsseite

Der Lachs wird vor dem Räuchern vom Kopf befreit und der Länge nach in zwei Hälften geteilt. Diese nennt man Lachsseiten. Der Fisch wird ungesalzen oder mild gesalzen kaltgeräuchert.

Je nach Zubereitungsrezept bekommt das Lachsfleisch eine rote bis hellrote Farbe.

Für die Arbeiten *beim* Tisch des Gastes werden nur ganze Seiten von bester Qualität verwendet.

Bevor die Lachsseite ins Restaurant kommt, wird sie in der Küche pariert, d. h., die Bauchlappen werden abgeschnitten und die verbliebenen Gräten in der Mitte mit einer Pinzette oder einer kleinen Zange entfernt. Der so vorbereitete Fisch wird auf das Lachsbrett gelegt.

Nun kann der Räucherlachs auf dem Büfett oder vom Wagen aus angeboten werden.

Die klassische Garnitur besteht aus Sahnemeerrettich, Zitrone und feingehackten Kapern, dazu werden Toast und Butter gereicht. Eingesetzt wird auch die Pfeffermühle.

## Gebeizter Lachs

(frz. *Le saumon mariné*)

Der gebeizte (oder marinierte oder gepökelte) Lachs, auch Graved Lachs, Gravad laks, Graved lax, Gravlaks oder Gravlax genannt, ist eine skandinavische Spezialität.

Der ausgenommene und gesäuberte Lachs wird der Länge nach in zwei Hälften, die Lachsseiten, geteilt, welche dann pariert und entgrätet werden. Danach werden sie mit Salz leicht gepökelt und mit einer Mischung aus Zucker, gemahlenem weißen Pfeffer und feingeschnittenem Dill mariniert.

Durch das Pökeln wird der Fisch leicht gegart und konserviert; durch die Marinade erhält er den besonderen, delikaten Geschmack.

Mindestens zwölf Stunden muß der Lachs in der Marinade bleiben. Viele Köche marinieren ihren Lachs selbst; natürlich sind die Rezepturen und die Pökelzeiten unterschiedlich. Hervorragende Qualitäten bietet auch der einschlägige Handel an.

Zum gebeizten Lachs werden pikante Saucen gereicht. Klassisch ist die Dill-Senf-Sauce. Frisches Weißbrot und frische Landbutter gehören ebenfalls dazu.

*Mise en place:*

- Lachsmesser
- zwei Vorlegebestecke
- kalte große Teller
- eine weiße Stoffserviette

*Arbeitsmethode:*

Der in der Küche angerichtete Lachs kommt auf dem Lachsbrett ins Restaurant. Man legt ihn so auf das Büfett oder auf den Servierwagen, daß das Kopfende nach links zeigt.

Die Restaurantfachkraft hält die Lachsseite mit der Stoffserviette oder der Vorlegegabel fest.

Mit dem Lachsmesser, einem Tranchiermesser, das eine schmale, lange, scharfe und biegsame Klinge hat, schneidet die Restaurantfachkraft von links nach rechts, also von sich weg; sie hält das Messer flach und zieht die Klinge, leicht nach unten drückend, lang durch, so daß möglichst dünne und große Tranchen entstehen. Mit dem Lachsmesser oder dem Vorlegebesteck legt sie die Tranchen dann gefällig auf den kalten Teller und garniert diesen mit einem Eßlöffel Sahnemeerrettich, einem Bukett krauser Petersilie, mit Zitrone, vielleicht auch mit etwas hartgekochtem Ei und Kapern, falls dies gewünscht wird.

*Anmerkung zum Gedeck:*

Zu Fischvorspeisen wird gewöhnlich ein Fischbesteck eingedeckt.

Ist die Konsistenz der Beilagen (z. B. Stangen vom grünen Spargel) oder des Hauptbestandteils der Speise (z. B. Garnelen oder Calamares) so fest, daß man sie mit dem Fischmesser nicht mundgerecht zerkleinern kann, so wird ein Mittelbesteck eingedeckt.

Wie die Speise in der Küche angerichtet wird, muß mit dem Service abgesprochen werden.

Die Lachsseite auf dem Lachsbrett.

Mit dem Lachsmesser dünne Tranchen schneiden.

Die Tranchen mit dem Messer auf dem Teller anrichten.

# Fleisch

# Tierarten

In der Restaurantküche wird, von Ausnahmen (z. B. Gams, Mufflon oder exotische Tiere) abgesehen, das Fleisch von folgenden Tieren verwendet:

*Schlachttiere:*

- Rind
- Kalb
- Schaf
- Schwein

*Wild:*

- Reh
- Hirsch
- Wildschwein
- Hase
- Wildkaninchen

Hinweis: Wildbret ist die Bezeichnung für das Fleisch des Nutzwildes.

*Hausgeflügel:*

- Taube
- Stubenküken
- Hähnchen
- Huhn
- Poularde
- Kapaun
- Perlhuhn
- Gans
- Ente

*Wildgeflügel:*

- Wachtel
- Schnepfe/Bekassine
- Rebhuhn
- Fasan
- Wildente
- Haselhuhn
- Mohrhuhn
- Birkhuhn

# Tranchieren von Schlachtfleisch

Es empfiehlt sich, kleine Fleischstücke wie doppeltes Rumpsteak und doppeltes Filetsteak auf einem großen heißen Eßteller zu tranchieren und hierbei ein großes Tafelbesteck oder ein kleines Tranchierbesteck zu benutzen. Man kann aber auch statt des Eßtellers ein kleineres Tranchierbrett verwenden.

Größere Fleischstücke dagegen erfordern unbedingt ein Tranchierbrett und Tranchierbesteck.

*Rindfleisch*

Für das Tranchieren *beim* Tisch eignen sich vom Rind folgende Fleischstücke:

- doppeltes Filetsteak
- doppeltes Rumpsteak
- Rinderkotelette
- T-bone-Steak
- ganzes Filet
- ganzes Roastbeef
- Roastbeef in der Teighülle
- Hochrippe
- Hochrippe in der Teighülle
- Ochsenbrust
- Tafelspitz

*Schwein*

Vom Schwein kommen eventuell der Jungschweinrücken und die Jungschweinkeule zum Tranchieren ins Restaurant. Diese werden wie die anderen Rücken bzw. Keulen tranchiert.

# Doppeltes Filetsteak

Mise en place für Fleischstücke, die tranchiert werden:

- nach Bedarf ein oder zwei Beistelltische
- für kleine Grilladen einen heißen großen Teller oder ein kleines Tranchierbrett
- ein kleines Tranchierbesteck oder ein großes Tafelbesteck
- bei größeren Stücken ein großes Tranchierbrett
- ein mittleres oder ein großes Tranchierbesteck
- Vorlegebestecke
- heiße Rechaudplatten
- heiße Teller zum Anrichten

Die hier beschriebene Mise en place gilt ganz allgemein für alle weiteren Fleischgerichte.

Nachstehend wird ein Arbeitsablauf ausführlich beschrieben. Für die praktische Ausführung genügen die Abbildungen der einzelnen Arbeitsschritte mit den kurzen Unterschritten.

Arbeitsablauf:

1. Das Tranchiergut kommt auf einer mit Beilagen (feinen Gemüsen) reich angerichteten Platte aus der Küche.
2. Die Platte wird den Gästen präsentiert und auf der heißen Rechaudplatte warm gestellt.
3. Nun legt man das Chateaubriand mit dem Vorlegebesteck auf das Tranchierbrett oder den heißen Teller, so daß es quer vor dem Trancheur liegt, damit er gegen die Faser schneiden kann.
4. Mit dem Gabelrücken wird das Fleisch durch leichten Druck festgehalten.
   Nicht hineinstechen oder fest drücken, damit möglichst wenig Fleischsaft ausläuft!
   Man schneidet von rechts nach links in schrägen Schnitten 1,5 bis 2 cm dicke Tranchen, so daß es vier Mittelstücke und zwei Endstücke gibt.
5. Das tranchierte Fleisch wird nun auf die Platte zurückgelegt, indem man mit dem Messer flach darunterfährt und es mit der Gabel festhält.
   Man kann es auch mit dem Vorleger ordentlich auf der Platte anordnen.
6. Den ausgelaufenen Fleischsaft schöpft man mit einem Löffel ab und gibt ihn neben das Fleisch auf die Platte.
7. Nach dem Tranchiervorgang wird das Tranchierbrett und -besteck vom Beistelltisch abgeräumt.
8. Jetzt werden die heißen Teller bereitgestellt, die Tranchen darauf gefällig angerichtet und mit den Beilagen garniert.
9. Die dazugehörige Sauce wird nur auf Wunsch des Gastes über das Fleisch nappiert.
10. Der fertig angerichtete Teller wird nun so serviert, daß das Fleisch, wie es der korrekten Anrichteweise entspricht, zum Gast hin zu liegen kommt.
11. Im Nachservice wird ein zweiter heißer Teller mit dem noch vorhandenen Fleisch und den warm gestellten Beilagen angerichtet; diesen Teller bietet man dem Gast mit nachgedecktem sauberem Besteck an.

# Doppeltes Filetsteak

(auch: *Lendenschnitte* oder *doppeltes Beefsteak;* frz. *Chateaubriand*)

Das doppelte Filetsteak, auch Chateaubriand genannt, ist ein Gericht der klassischen Küche. Es hat seinen Namen nach dem französischen Schriftsteller und Politiker François René Vicomte de Chateaubriand (1768–1848). Das doppelte Filetsteak ist immer ein Gericht für zwei Personen und wird aus dem mittleren Stück des Rinderfilets geschnitten. Es hat ein Gewicht von 400—450 g. Als Beilagen gehören dazu: feine Gemüse, Sauce béarnaise (Berner Sauce) und Nußkartoffeln.

Kräuterbutter und Pommes frites können ebenfalls dazu gereicht werden.

Präsentieren des doppelten Filetsteaks.

Das doppelte Filet auf dem Brett.

Das Tranchierbesteck ansetzen.

Schräge Tranchen schneiden.

Das tranchierte Filet zurück auf die Platte heben.

Tranchen auf den Tellern anrichten.

# Doppeltes Rumpsteak

(auch: *Mittelrippenstück* oder *Zwischenrippenstück;* frz. *entrecôte double* oder *contre-filet*)

Für das doppelte Rumpsteak gilt die gleiche Verfahrensweise wie für das doppelte Filetsteak: Die Tranchen werden im leichten Schrägschnitt von rechts nach links geschnitten. Man erhält zwei Tranchen mehr als beim doppelten Filet.

Zu beachten ist, daß der Fettrand des Steaks, sofern er noch vorhanden ist, zuerst abgetrennt und dann kleingeschnitten auf die Platte zurückgelegt wird; man kann ihn später mit auf den Teller legen, falls der Gast es wünscht.

Präsentieren der Platte.

Das Tranchierbesteck ansetzen.

Schräge Tranchen schneiden.

Das tranchierte Rumpsteak zurück auf die Platte setzen.

Tranchen auf den Teller legen.

# Rinderkotelett

(frz. *côte de bœuf*)

Das Rinderkotelett sollte in der Küche bereits vor dem Garen am Knochen entlang auf einer Seite angeschnitten werden, so daß auch das Fleisch am Knochen die gleiche Bratstufe erhält wie das übrige Fleisch.

Auf der Platte und dem Tranchierbrett sollte die angeschnittene Seite des Rinderkoteletts immer nach unten zu liegen kommen.

Nach dem Präsentieren legt der Trancheur das Rinderkotelett mit dem Vorleger auf das Tranchierbrett (die angeschnittene Seite nach unten!), ohne mit der Gabel in das Fleisch zu stechen. Mit der Messerspitze schneidet er das auf dem Tranchierbrett liegende Fleisch am Knochen entlang ab. Das abgelöste Côte wird nun (wie bereits beim Entrecôte double beschrieben) tranchiert und auf die Platte zurückgelegt.

Nachdem das Tranchierbrett abgeräumt ist, werden die Teller angerichtet.

Präsentieren des Rinderkoteletts.

Das Kotelett auf dem Brett.

Den Knochen ablösen.

Fleisch und Knochen getrennt.

Das ausgelöste Fleisch tranchieren.

# Roastbeef

(auch: *niederes Rind;* frz. *contre-filet*)

Das im ganzen gebratene Roastbeef wird senkrecht in 1 bis 1,5 cm dicke Tranchen geschnitten; diese werden auf die Platte zurückgelegt, um von dort nach dem Tranchiervorgang auf heißen Tellern angerichtet und dann ausserviert zu werden. Bei einer größeren Personenzahl kann direkt auf dem Teller angerichtet werden. Es geht dann schneller, und die Speisen bleiben länger heiß. Voraussetzung hierfür ist, daß genügend Platz zum Arbeiten vorhanden ist und ein oder zwei Mitarbeiter zusätzlich behilflich sind.

Präsentieren des Roastbeefs.

Das Roastbeef auf dem Brett.

Senkrecht dünne Tranchen schneiden.

## Rinderfiletbraten

(auch: *Lendenbraten* oder *Lungenbraten;*
frz. *filet de bœuf*)

Die Verfahrensweise entspricht in etwa der beim Roastbeef. Zu beachten ist aber, daß die Tranchen etwas dicker (ca. 2,5 cm) und schräg geschnitten werden.

Der Trancheur legt das ganze gebratene Filet so auf das Tranchierbrett, daß das dicke Ende, der Filetkopf, rechts vor ihm liegt. Beim Schneiden beginnt er auf der rechten Seite.

Merke:

Gespickter Filetbraten ist in senkrechte Tranchen zu schneiden, damit die Spickfäden nicht herausfallen.

Da der dünne Teil des Filets naturgemäß gut durchgebraten ist, werden diese Tranchen den Gästen vorbehalten sein, die es gut durchgebraten mögen.

Man kann die Teller aber auch so anrichten, daß jeder Gast eine gut und eine weniger gut durchgebratene Tranche erhält.

# Hochrippe

(auch: *Roastbeef mit Knochen* oder *Roastbeef englisch;* frz. *côte de bœuf rôtie*)

Das Roastbeef englisch wird mit dem Knochen gebraten. Vor dem Braten muß der Gratknochen entfernt werden.

Für das Tranchieren stehen der Fachkraft zwei Methoden zur Verfügung (siehe nächste Seiten). Hier sei die 2. Methode schriftlich festgehalten:

Man stellt die Hochrippe senkrecht auf das Tranchierbrett und schneidet mit einem langen Tranchiermesser waagrecht 0,5 bis 1 cm dünne Tranchen. Die Hochrippe wird mit der Gabel am Knochen festgehalten, und die Tranchen werden zum Knochen bzw. zum Trancheur hin geschnitten. Mit einem kleinen Schnitt muß die Tranche vom Knochen gelöst werden.

Ist der Gratknochen entfernt worden, können die Tranchen mit dem Knochen serviert werden, ihre Stärke richtet sich dann nach dem Knochen.

Man legt die Tranchen direkt auf den heißen Teller und ordnet die Beilagen an. Zur Hochrippe wird eine Jus oder eine leichte Bratensauce serviert.

Das Roastbeef englisch, das Roastbeef mit dem Knochen gebraten, ist eine in England beliebte Zubereitungsart.

*1. Methode:* Das Präsentieren der Hochrippe.

Die Hochrippe liegt auf dem Brett.

Waagrechter Schnitt über die Rippen.

Senkrechte Tranchen schneiden.

Tranchen mit und ohne Knochen schneiden.

*2. Methode:* Die Hochrippe präsentieren.

Die Hochrippe aufstellen, mit der Gabel fixieren und die erste Tranche schneiden.

Am Knochen senkrecht einen Schnitt ausführen.

Waagrecht die Tranchen schneiden ...

... und direkt mit dem Messer auf den Teller legen.

# T-bone-Steak

Das T-bone-Steak hat seinen Namen vom T-förmigen Knochen, einem Stück Wirbel- und einem damit verbundenen Rippenknochen. Daran sind ein Stück Roastbeef und ein kleines Stück Filet belassen. Es hat ein Gewicht von ca. 700 g und wird auf dem Tranchierbrett geschnitten.

Durch Schnitte entlang der Knochen werden das Filet- und das Roastbeefstück abgetrennt.

Die ausgelösten Stücke werden quer zur Faser geschnitten.

Jeder Gast bekommt sowohl vom Filet als auch vom Roastbeef vorgelegt.

Das Präsentieren des T-bone-Steaks.

Auslösen des Knochens.

Knochen, Filet und Steak getrennt.

Das Fleisch in Tranchen schneiden.

Die Tranchen zurück auf die Platte legen.

Filet- und Steaktranchen auf dem Teller anrichten.

# Porterhousesteak

Das 800 bis 1000 g schwere Porterhousesteak wird für mehrere Personen serviert.

Es wird mit dem Gratknochen und den Rippenknochen, einer dicken Scheibe Roastbeef und einem Stück Filet quer aus der flachen Rippe geschnitten.

Wie beim Rinderkotelett wird das Fleisch am Knochen entlang vor dem Braten eingeschnitten, damit das dicke Fleisch am Knochen die gleiche Garstufe wie das dünnere Fleisch bekommt.

Das Steak wird mit der eingeschnittenen Seite nach unten auf das Tranchierbrett gelegt.

Mit der Spitze des Tranchiermessers schneidet man das Fleisch vom Knochen.

Dann werden ausgelöstes Roastbeef und Filetstück in nicht zu dicke Tranchen geschnitten. Es ist darauf zu achten, daß dem Gast Tranchen sowohl vom Roastbeef als auch vom Filet serviert werden.

Damit ein zügiges Arbeiten gewährleistet ist, sollte direkt auf dem Teller angerichtet werden.

Das Zurücklegen des Fleisches auf die warm gestellte Platte verzögert den Vorgang etwas, ist aber aus optischen Gründen vorzuziehen.

Hinweis: Kräuterbutter wird zu den Grilladen immer separat gereicht und nur auf Wunsch des Gastes vorgelegt.

# Gekochter Tafelspitz

(frz. *pointe de culotte bouillie*)

Da es sich beim Tafelspitz um eine österreichische Spezialität handelt, reicht man warmen Apfelkren (Apfelsahnemeerrettich) und Rösti, junges Gemüse und Cremespinat, Senfgurken und rote Bete dazu.

Man tranchiert wie beim geschmorten Tafelspitz am dünnen Ende beginnend von rechts nach links, indem man die Spitze schräg abschneidet und, je nach Wunsch des Gastes, zwei dünne oder eine etwas dickere Scheibe direkt auf den heißen Teller vorlegt.

Die Beilagen werden dem Gast zur Auswahl präsentiert und seinen Wünschen entsprechend mit angerichtet.

# Geschmorter Tafelspitz

(frz. *pointe de bœuf braisie*)

Zuerst wird die Spitze mit dem Tranchiermesser etwas schräg abgeschnitten. Auch die nachfolgenden Tranchen werden schräg und in einer Dicke von ca. 1 cm geschnitten.

Damit die Tranchen schön anzusehen sind, ist das Fleisch gegen die Faserrichtung zu schneiden. Die pikante Sauce wird mit Knödeln angeboten; als weitere Beilagen eignen sich junge Gemüse oder Kopfsalat.

# Gekochte Rinderbrust

(frz. *poitrine de bœuf*)

Die gekochte Rinderbrust zählt zu den klassischen Gerichten, die von der Voiture (siehe Hinweis im Kapitel „Wagen–Teeservice") aus serviert werden. Man schneidet von rechts nach links 1 bis 1,5 cm dicke Tranchen senkrecht herunter und hält das Fleisch mit der Gabel fest. Da der Fettrand von Kennern gerne gegessen wird, sollte der Gast gefragt werden, ob er etwas vom Fett wünscht.

Zur gekochten Rinderbrust gehören die klassischen Beilagen wie Bouillonkartoffeln, Essiggemüse, süßsauer eingelegter Kürbis, Gurken, Zwiebelchen sowie rote Bete. Mitunter werden eine Meerrettichsauce und Preiselbeeren angeboten. Junger Wirsing und andere junge Gemüse gehören ebenfalls zur klassischen Beilage.

Sämtliche warmen Beilagen müssen in der Voiture bereitstehen. Die kalten Beilagen müssen separat auf einem Beilagentablett verfügbar sein.

Flottes Arbeiten des Service ist erforderlich, denn dem Gast steht eine reichhaltige Auswahl an Beilagen zur Verfügung, und er benötigt eine gewisse Zeit, seine Wahl zu treffen.

Deshalb sollte der Trancheur immer im Gespann mit einem Comis de rang arbeiten, damit Fleisch und Beilagen gleichzeitig angerichtet sind und das Essen nicht kalt wird.

Die Rinderbrust auf dem Tranchierbrett.

Das Messer senkrecht ansetzen.

Senkrecht nicht zu dünne Tranchen schneiden.

Tranchierte Rinderbrust.

Die Sauce über das Fleisch geben.

Anmerkung:
Eine regionale Spezialität zum gekochten Rindfleisch, wie Ochsenburst oder Tafelspitz, ist die Frankfurter grüne Sauce. Sie besteht aus saurer Sahne, Mayonnaise, hartgekochtem Ei, Zitronensaft, Pfeffer, Salz, Zukker und mindestens sieben feingehackten Kräutern. Je nach Saison sind es Dill, Schnittlauch, Pimpinelle, Petersilie, Estragon, Zitronenmelisse und Borretsch. Die grüne Sauce wird kalt serviert.

# Kalbfleisch

Das Kalb gehört zu den bevorzugten Schlachttieren für die feine Restaurantküche.

Fleischteile vom Kalb für die Arbeiten beim Tisch des Gastes:

- die Kalbshaxe (le jarret de veau)
- der Kalbsrücken (la selle de veau)
- das Kalbsfilet, die Kalbslende (le filet de veau)
- das Kalbsrippenstück (le carré de veau)
- die Kalbszunge (la langue de veau)
- die Kalbsnuß (la noix de veau)
- der Kalbsrücken, der Kalbssattel (la selle de veau)
- die Kalbskeule (le gigot ou cuisseau de veau)

## Kalbskrone

Aus dem Kalbsrippenstück, dem Kalbskarree, wird auch die Kalbskrone zubereitet.

Dem Kalbsrippenstück werden die Wirbelknochen eingeschlagen, dann kann es zu einem Kranz, einer Krone, gebunden werden. Die Rippen kommen dabei zur Innenseite des Kranzes und ragen nach oben.

Die gestutzten und geputzten Rippenknochen werden mit Papierrosetten geschmückt.

Auch die von der Küche zubereitete Kalbskrone kommt auf einer garnierten Präsentationsplatte ins Restaurant.

Die einzelnen Tranchen werden wie beim Kalbskarree zwischen den Rippenknochen heruntergeschnitten und gleich auf dem heißen Teller angerichtet und serviert.

## Kalbslende

(auch: *Kalbsfilet;* frz. *le filet de veau*)

Das Kalbsfilet wird auf die gleiche Weise behandelt wie das Rinderfilet. Die Tranchen dürfen nicht mit einer Sauce übergossen werden.

Aus der Kalbskeule schneidet man:
- das Frikandeau (le fricandeau de veau)
- den Schlußbraten, die große und die kleine Kalbsnuß (la noix de veau)

Diese kleinen Bratenstücke aus der Kalbskeule werden auf dem Brett schräg und gegen die Faser in dünne Tranchen geschnitten.

Dabei hält man das Bratenstück mit der Gabel fest. Das weiße Fleisch wird nicht mit der Sauce überzogen, sondern nur leicht am Rand nappiert.

## Kalbsbrust

(frz. *la poitrine de veau*)

Normalerweise kommt die Kalbsbrust mit einer Farce gefüllt in das Restaurant. Sie ist entbeint und läßt sich daher leicht tranchieren.

Um ein Zerbröckeln der Füllung zu vermeiden, benötigt man ein sehr scharfes, langes Tranchiermesser. Man schneidet von links nach rechts und kann eine Palette benutzen, wenn man die Tranchen auf den heißen Teller hebt. In die gefüllte Kalbsbrust darf man, um sie festzuhalten, mit der Fleischgabel hineinstechen, denn sie ist nicht kurzgebraten, und es kann kein Fleischsaft herauslaufen.

## Kalbsrücken

(auch: *Kalbssattel;* frz. *selle de veau*)

Im À-la-carte-Geschäft oder für ein Bankett wird der Kalbsrücken nur selten als Tranchierstück beim Tisch des Gastes zerlegt.

Er kommt eher als Schaustück beim warmen Büfett zur Geltung; er kann aber auch durchaus von der Voiture aus serviert werden.

Vom Kalbsrücken kommt in der Regel nur das im ganzen zubereitete und serviergerecht hergerichtete Sattelstück (Nierenstück) aus der Küche. Der Sattel wird an der Stelle vom Rücken getrennt, wo die flache Rippe aufhört und die kurze Rippe beginnt. Der vorstehende Wirbelknochen wird abgeschlagen, und die Rippen werden gestutzt und geputzt. Die Nieren und das Fett sowie die Filets werden entfernt.

Nach dem Abtrennen des Gratknochens liegt der Kalbssattel fest auf. Er präsentiert sich somit als ein auf der Präsentationsplatte angerichtetes und garniertes Schaustück. Ein solches ist er auch, wenn er am Büfett oder auf dem Wagen appetitlich hergerichtet worden ist.

Jedes Tranchiergut sollte im übrigen appetitlich angerichtet in das Restaurant kommen, um dort ebenso appetitlich weiterverarbeitet zu werden.

Mise en place (wenn beim Tisch des Gastes gearbeitet wird):

- ein größeres Tranchierbrett
- ein mittleres Tranchiermesser
- eine mittlere Fleischgabel
- heiße Teller
- Rechaudplatten
- Servicetische
- Vorleger

Merke:

Die Servicetische müssen so aufgestellt werden, daß der Trancheur nicht mit dem Rücken zum Gast steht, und so, daß er genügend Platz hat, um bequem arbeiten zu können!

Es gibt drei Methoden, einen Kalbssattel zu tranchieren:

a) das Auslösen der Rückenfilets und Tranchieren auf dem Brett mit anschließendem Zurücksetzen der Tranchen auf den Knochen
   erneutes Präsentieren
   Anrichten und Servieren
b) das Auslösen und Tranchieren auf dem Brett sowie sofortiges Anrichten und Servieren
c) das Tranchieren auf dem Knochen mit sofortigem Anrichten und Servieren

Arbeitsweise:

Nach dem Präsentieren stellt man die Präsentationsplatte auf das Rechaud. Nun nimmt man den Kalbssattel mit dem Tranchierbesteck von der Platte und setzt ihn auf das Tranchierbrett. Hierzu sticht man die zweizinkige Fleischgabel in den Gratknochen, so daß der Knochen zwischen die Zinken kommt. Dann schiebt man das Tranchiermesser unter den Rücken und hebt das ganze Stück herüber.

Der Kalbssattel muß nun quer zum Trancheur auf dem Brett liegen.

Mit einem von links nach rechts gezogenen Längsschnitt entlang des Gratknochens auf der dem Trancheur zugewandten Seite wird das Rückenfilet abgetrennt. Die Schnittführung muß bis auf die Rippenknochen heruntergehen.

Nun führt man mit einem zweiten Schnitt das Messer über die Rippen zur Flanke hin unter dem Rückenfilet her, indem man das Messer zuerst anwinkelt, um es dann flach über die Rippen zu ziehen.

Der Schnitt wird unterstützt, indem man das Rükkenfilet leicht mit der Gabel vom Knochen wegdrückt.

Das ausgelöste Rückenfilet wird auf dem Brett von links nach rechts mit leicht schrägen Schnitten in 1 bis 1,5 cm dicke Tranchen geteilt.

Um das zweite Rückenfilet abzulösen, dreht man den Braten um 180 Grad, so daß man das zu lösende Stück auf seiner Seite hat.

# Kalbsrippenstück

(auch: *Kalbskarree*, frz. *le carrée de veau*)

Unter dem Kalbsrippenstück versteht man eine Hälfte des Kalbsrückens.

Das Stück mit den langen Rippen wird längs des Gratknochens bis auf die Wirbelknochen durchgeschlagen, dann werden die Wirbel längs des Rückgrats abgetrennt, so daß man beim Tranchieren die einzelnen Fleischscheiben zwischen den Rippen mühelos herunterschneiden kann.

Die langen Rippenknochen werden gestutzt und geputzt. Manchmal werden sie auch mit einer Papierrosette versehen.

Der so von der Küche vorbereitete Braten wird wie der Kalbssattel auf einer Präsentationsplatte angerichtet und ausgarniert.

Wird das Kalbskarree für eine kleine Gesellschaft im Bankett angeboten, so wird beim Tisch des Gastes tranchiert.

Präsentieren des Kalbsrippenstücke.

Das Kalbsrippenstück auf dem Brett.

Senkrechte Tranchen schneiden.
(Diese Methode gilt ebenfalls für das Lammkarree.)

Die Vorbereitungen, die Mise en place der Restaurantfachkraft, entsprechen beim Kalbsrippenstück denjenigen beim Kalbssattel.

Die einzelnen Tranchen werden zwischen den Rippenknochen heruntergeschnitten, so daß sie wie ein Kalbskotelett mit einem Stückchen Rippe serviert werden.

Die abgelösten Tranchen müssen sofort angerichtet und serviert werden, denn das zarte Kalbfleisch wird, wenn es lange warm steht, leicht trocken und fest.

Das Kalbskarree kann ebenfalls vom Wagen oder vom Büfett aus angeboten werden.

Nach der Methode a) kann man die Tranchen wieder auf das Knochengerüst setzen, indem man mit dem Messer unter die Tranchen fährt und sie mit der Gabel festhält. Bei sauberer Schnittführung bleibt das Stück zusammen, und der Kalbssattel wird noch einmal als ganzes Stück den Gästen präsentiert. Nun werden die Teller angerichtet und ausserviert.

Diese Methode, bei der die Tranchen wieder ordentlich auf dem Rücken zu liegen kommen, ist vom ästhetischen Anblick her sicherlich zu bevorzugen. Sie ist aber zeitaufwendig und die Gefahr des Auskühlens ist sehr groß.

Bei der Methode b) werden die Tranchen direkt vom Brett auf den heißen Teller gelegt, angerichtet und ausserviert. Diese Methode hat den Vorteil des schnellen Handelns. Die Speisen bleiben optimal heiß, denn ein zügiger Service ist möglich.

Bei der Methode c) wird auf dem Knochen tranchiert. Der ganze Kalbssattel liegt vor dem Trancheur. Dieser schneidet die einzelnen Tranchen direkt vor und legt sie auf den anzurichtenden Teller.

Das Rückenfilet wird mit einem kurzen Längsschnitt vom Gratknochen gelöst. Die Länge dieses Schnitts richtet sich nach der Zahl der zu tranchierenden Portionen. Dann wird das Rückenfilet im Winkel zum Gratknochen in die gewünschte Stärke geschnitten und mit einem Schnitt über den Rippenknochen abgetrennt.

Diese Methode ist günstig, wenn vom Wagen aus oder am Büfett gearbeitet wird. Die Portionen werden einzeln auf eine Bestellung hin tranchiert; somit bleibt der Braten als ganzes Stück erhalten und saftiger. Man kann die Schnittstellen mit Alufolie abdecken, um ein Austrocknen zu vermeiden.

# Kalbshaxe

(frz. *jarret de veau*)

Die Kalbshaxe faßt man mit der Stoffserviette am geputzten Knochen und setzt sie von der Anrichteplatte auf das Tranchierbrett. Man hält sie senkrecht und schneidet an der dünnsten Stelle das Fleisch am Knochen herunter. Das Haxenfleisch wird rund um den Knochen ausgelöst.

Ist die Haxe sehr weich geschmort, dann läßt sich das Fleisch mit dem Löffel ablösen.

Der so übrigbleibende Knochen wird vom Tranchierbrett entfernt.

Das vor dem Trancheur liegende Fleisch wird längs in zwei oder drei Stücke geschnitten, die man dann quer zur Faser in 1 bis 1,5 cm dicke Tranchen schneidet. Das so portionnierte Fleisch wird auf der Platte warm gelegt und auf heißen Tellern angerichtet.

Vom Tranchierbrett direkt auf den Teller anzurichten erspart Zeit, und die Speisen bleiben heißer.

Präsentieren der Kalbshaxe.

Die Kalbshaxe mit der Serviette am Knochen fassen.

Das Fleisch vom Knochen lösen, an der dünnen Stelle beginnend.

Das Fleisch neben dem Knochen.

Das Haxenfleisch an der Naht längs teilen.

Die Stücke werden quer zur Faser tranchiert.

# Schaf

Das Schaf zählt zum Schlachtvieh. Die Qualität des Fleisches verändert sich mit dem Wachstum, also dem Alter der Tiere. In der Gastronomie spricht man entweder vom Lamm oder vom Hammel. Das Fleisch von älteren Tieren kommt nicht in die Restaurantküche.

*Milchlamm*

Das Milchlammfleisch stammt vom jungen Tier, das noch kein Grünfutter gefressen hat und der Muttermilch noch nicht entwöhnt ist. Das Tier ist bis zu sechs Monate alt, das Fleisch ist weiß und zart. Es findet jedoch wenig Verwendung in der Restaurantküche.

*Mastlamm*

Das Mastlammfleisch stammt von Tieren im Alter von sechs Monaten bis zu einem Jahr. Das Fleisch ist kräftig rot und feinfaserig. Es wird in der Restaurantküche bevorzugt verarbeitet.

*Hammel*

Das Hammelfleisch stammt von Tieren im Alter von ein bis zwei Jahren. Von weiblichen Tieren, die noch keine Jungen hatten, und von kastrierten männlichen Tieren. Das Fleisch ist dunkelrot und hat eine kräftige Faserung.

# Lammkeule

Die ganze, gebratene Lammkeule ist eine beliebte Speise. Sie wird oftmals auf dem Speisenbüfett und in manchen Restaurants auch vom Fleischservierwagen für das À-la-carte-Geschäft angeboten. In diesen Fällen wird sie nach Bedarf aufgeschnitten.

Im Bankettgeschäft für einen bestimmten Personenkreis wird sie der Personenanzahl entsprechend ganz aufgeschnitten.

Die Arbeit des Tranchierens wird zügig ausgeführt, denn Lammfleisch soll möglichst heiß serviert und gegessen werden.

Hinweis:

Der Lammrücken wird wie der Rehrücken und der Kalbsrücken tranchiert. Die Verarbeitung der Lammkrone entspricht somit der der Kalbskrone.

*Tranchiermethoden*

Die Lammkeule wird in der Küche, bevor sie gebraten wird, für das Tranchieren im Restaurant vorbereitet. Dazu gehört, daß der Schlußknochen entfernt und der Haxenknochen geputzt wird, damit man diesen mit der Serviette anfassen kann.

*1. Methode*

Nach dem Präsentieren stellt man die Lammkeule mit dem dicken Teil auf das Tranchierbrett und hält sie mit der Serviette am Knochen fest. Dann schneidet man mit dem Tranchiermesser am Haxenknochen einen Keil heraus. Mit dem Messer fährt man nun am Röhrenknochen so weit wie notwendig herunter und schneidet waagrecht zu sich hin nicht zu dicke Tranchen. Diese legt man gleich auf den heißen Teller, richtet die Beilagen darauf an und nappiert das Fleisch mit etwas Sauce. Der angerichtete Teller wird gleich serviert.

Nachdem eine Seite tranchiert ist, dreht man die Keule um und tranchiert die andere Seite nach der gleichen Methode.

# Lammkeule

*2. Methode*

Man stellt die Lammkeule auf das Tranchierbrett und hält sie mit der Serviette fest. Dann trennt man mit der Messerspitze, dem natürlichen Fleischwuchs folgend, von oben nach unten am Röhrenknochen entlang, die obere und die untere Nuß ab. Die Fleischstücke legt man mit der dunklen Seite nach oben auf das Brett und schneidet quer zur Faser nicht zu dicke Tranchen.

Diese Methode ist gut für das Büfett geeignet.

*Hinweis:*

Die Lammkeule wird wie die Rehkeule, die kleine Kalbs- und Schweinekeule tranchiert.

Größere Keulen legt man mit der flachen Seite auf das Brett und schneidet, am Schlußknochen beginnend, von oben nach unten, also zum Röhrenknochen hin, dünne Tranchen.

Diese Methode ist besonders für Schweinekeulen mit knuspriger Schwarte zu empfehlen.

*1. Methode:* Die Lammkeule präsentieren.

Die Lammkeule auf dem Brett . . .

. . . mit der Serviette festhalten.

Senkrecht aufstellen und unterhalb der Haxe einen Keil schneiden.

Am Knochen senkrecht nach unten schneiden.

Waagrecht zum Knochen hin tranchieren.

Die Keule umdrehen und wieder einen Keil schneiden.

Der Keil ist ausgeschnitten.

Waagrecht zum Knochen tranchieren.

# Lammrücken

Der Lammrücken (Lammsattel) wird wie der Kalbsrücken (Kalbssattel) bzw. wie der Rehrücken tranchiert.

## Lammkarree

Das Lammkarree wird in der gleichen Weise wie das Kalbskarree tranchiert.

## Lammkrone

Die Lammkrone wird wie die Kalbskrone tranchiert.

Hinweis:
Beim Servieren von Lammfleisch ist besonders darauf zu achten, daß die Teller heiß sind und das Fleisch so heiß wie möglich serviert wird, da Lammfleisch seinen Geschmack erst dann voll entfaltet.

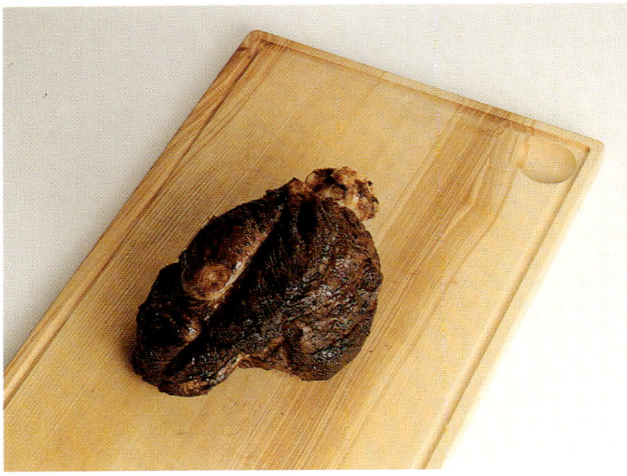

*2. Methode:* Die Lammkeule auf dem Brett.

Die obere Nuß längs vom Knochen trennen.

Die untere Nuß vom Knochen lösen.

Die weiteren Stücke vom Knochen trennen.

Der ausgelöste Röhrenknochen mit den Fleischteilen.

Die Fleischstücke quer zur Faser tranchieren.

# Fleisch in der Teigkruste

Es gibt verschiedene Möglichkeiten, Lebensmittel mit einer Teighülle zu umgeben oder abzudecken. Als Beispiele seien Suppen genannt, die mit einer Blätterteighaube bedeckt werden, oder Filets als Portion im Teigmantel; weitere Beispiele sind in Teig getauchte und dann ausgebackene Pilze oder Gemüse. Die ganze Palette der Möglichkeiten hier aufzuzählen, würde den Rahmen dieses Buches sprengen. Hier sollen nur Gerichte beschrieben werden, die als größere Stücke ins Restaurant kommen und tranchiert werden.

Die Tabelle zeigt, welche Teige und Fleischsorten verwendet werden:

*Blätterteig/Strudelteig:*

Rinderfilet
Roastbeef
Kalbsfilet
Lammfilet
Schweinefilet
Hasenrückenfilet
Rehrückenfilet

*Brotteig/Salzteig:*

Hochrippe
Schinken
Kasseler
Rippchen
Schweinenacken

*Fleisch in der Teigkruste*

Wird das Fleisch in einen Teig gehüllt, der beim Ausbacken eine Kruste bildet (z. B. beim Kasseler im Brotteig), dann wird mit einem scharfen Sägemesser tranchiert.

*Fleisch im Teigmantel*

Wird das Fleisch in einen Teig mit weicher Konsistenz (z. B. beim Filet Wellington) gehüllt oder mit einem Teigmantel umhüllt, so kann mit einem normalen scharfen, aber nicht gezähnten Messer tranchiert werden.

# Kasseler Rippenspeer im Brotteig

(frz. *carré de porc fumé rôti*)

Wird das Kasseler Rippenspeer in einem Brotteig gebacken, so bildet dieser eine harte Kruste. Meistens wird auf dem Büfett oder vom Wagen aus angeboten.

Man schneidet mit einem scharfen Sägemesser waagrecht den Laib rundherum etwas über dem Teigsockel ein. Nun kann man den Teigdeckel abheben, und das Fleisch liegt auf dem Brotsockel. Wird das Kasseler Rippenspeer nicht auf einmal serviert, so schneidet man nur einen Teil des Laibs auf.

Das Fleisch wird in 1 bis 1,5 cm dicke Tranchen geschnitten. Wenn der Gast es wünscht, legt man ein Stück Teig mit auf den Teller.

Bei einer anderen Methode schneidet man keinen Teigdeckel ab, sondern schneidet die einzelnen Tranchen senkrecht mit der Kruste. Serviert wird in diesem Fall stets das Fleisch mit dem Brotteig.

Das Präsentieren auf der Platte.

Den Teigdeckel waagrecht einschneiden.

Das Fleisch liegt auf dem Teigsockel.

So, also noch auf dem Teigsockel liegend, mit senkrecht geführtem Messer die Tranchen abschneiden.

Bei dieser Variante schneidet man die Scheiben senkrecht mit der Kruste ab.

# Rinderfilet Wellington

(frz. *filet de bœuf Wellington*)

Das ganze Filetmittelstück, le cœur de filet (das Herz des Filets), wird in der Küche zubereitet. Nachdem das Fleisch halb gebraten und danach etwas ausgekühlt ist, wird es mit einer Duxelles (Kräuter-Champignon-Farce) bestrichen, mit dünnen Speckscheiben umwikkelt und in Blätterteig gehüllt, sodann im Ofen gebraten; das Fleisch muß rosa und saftig bleiben.

Dazu serviert man Trüffelsauce oder Sauce bordelaise. Das Filet sollte schon in der Küche auf einem Tranchierbrett angerichtet sein, es sei denn, es ist so gut zubereitet, daß ein Umlegen von der Präsentationsplatte auf das Tranchierbrett problemlos ist.

Zum Tranchieren benötigt man ein längeres scharfes Sägemesser oder ein langes scharfes Tranchiermesser. Man schneidet senkrecht 1,5 bis 2 cm dicke Tranchen; zuerst wird die Teigkruste angeschnitten, und dann schneidet man mit leichtem Schnitt bis zum Brett hinunter.

Man hält das Tranchiergut mit einer weißen Stoffserviette fest und schneidet die Tranchen von rechts nach links. Mit dem Tranchiermesser und der Gabel hebt man sie geschickt auf den heißen Teller. Dabei ist darauf zu achten, daß die Scheiben nicht zerbröckeln. Die Stelle, wo das Fleisch unter dem Teigmantel anfängt, sollte bereits in der Küche gekennzeichnet sein. Dies erleichtert die Arbeit im Restaurant.

Das Präsentieren der Platte.

Den Laib mit dem Messer auf das Brett heben.

Die Kuppe abschneiden.

Senkrechte Tranchen schneiden.

# Geflügel
# Wild

# Geflügel

Zu den häufigeren Arbeiten *beim* Tisch des Gastes gehört das Tranchieren von Geflügel.

Wir unterscheiden zwischen Hausgeflügel und Wildgeflügel, auch Federwild genannt.

Zum Hausgeflügel (frz. *volaille*) zählen Küken (frz. *poussin*), Hamburger Stubenküken (frz. *poussin de Hambourg*), Masthühnchen (frz. *poulet*), kleines Masthuhn (frz. *poulet de grain*), Brathuhn (frz. *poulet rôti*), Masthuhn (frz. *poularde*), Kapaun (frz. *chapon*), Pute, Truthahn (frz. *dinde, dindon*), junger Puter (frz. *dindonneau*), Ente (frz. *canard*), Gans (frz. oie), Taube (frz. *pigeon*) und Perlhuhn (frz. *pintade*).

Zum Federwild (frz. *gibier à plume*) gehören Rebhuhn (frz. *perdrix*), junges Rebhuhn (frz. *perdreau*), Wachtel (frz. *caille*), Schnepfe (frz. *bécasse*), Fasan (frz. *faisan*), Ente bzw. Stockente (frz. *canard sauvage*).

Das Fleisch des Federwilds wird Wildgeflügel genannt und ist eine sehr beliebte Bereicherung der Speisekarte, es sollte nur in der Jagdzeit, während der Saison also, angeboten werden. Tranchiert wird es wie Hausgeflügel.

### *Gefülltes Geflügel*

Wenn das Geflügel mit einer Farce, mit Obst oder Kastanien gefüllt ist, muß die Füllung zuerst mit einem Löffel aus der Bauchhöhlung herausgenommen werden. Die Füllung wird in einem Gefäß auf dem Rechaud warm gehalten, um später mitserviert zu werden.

### *Schnepfendreck*

Als besondere Delikatesse gilt der sogenannte Schnepfendreck, der aus bestimmten Innereien der Waldschnepfe hergestellt wird.

Dafür verwendet man außer dem Magen sämtliche Eingeweide, also auch die gesäuberten Därme. Die Innereien werden nun zu einer feinen Füllmasse verarbeitet, auf Toast gestrichen und überbacken. Die Schnepfen werden auf den so enstandenen Croûton angerichtet.

### *Hinweise:*

Bei kleinem Geflügel und bei kleinem Federwild muß eine Fingerbowle mit eingesetzt werden, da die Gäste das Geflügel mit den Fingern essen können.

Beim Fasan und beim Perlhuhn werden die Unterschenkel nicht mitserviert, weil sie sehr sehnig sind.

Kleines Geflügel, Stubenküken, Rebhuhn, Wachtel usw. wird wie Taube halbiert.

Großes Geflügel wird mit kleinen Abweichungen wie Masthuhn tranchiert.

### *Mise en place*

Zur Mise en place gehören folgende Geräte:
- ein oder zwei Beistelltische
- zwei Rechaudplatten
- ein mittleres Tranchierbesteck
- ein Tranchierbrett mit einer Saftrinne
- mehrere Vorlegebestecke
- ausreichend große heiße Teller

# Poularde

Die Bezeichnung Poularde für ein Masthuhn stammt aus der französischen Sprache und ist in den deutschen Sprachgebrauch eingegangen. Man versteht darunter ein gemästetes Huhn mit einem Gewicht von etwa 2000 Gramm. Am bekanntesten ist die Bresser Poularde (Poularde de Bresse). Sie ist mit einem blau-weiß-roten Garantiesiegel, der „Plombe de bresse", versehen. Ebenso bekannt ist die Brüsseler und die Piemonter Poularde sowie das steirische Masthuhn.

Im Gegensatz zu einem Grillhähnchen wird die Poularde vom Gast am Tisch sitzend mit einem Eßbesteck verzehrt. In der gehobenen Gastronomie wird die Poularde vor den Augen des Gastes von einer Restaurantfachkraft in der nachstehend beschriebenen Weise tranchiert.

Wie an anderer Stelle erwähnt, kann man kleines Geflügel, aber auch eine Poularde in einem guten Restaurant mit der Hand essen. In diesem Fall muß unbedingt am Platz eines jeden Gastes eine Fingerbowle bereitgestellt werden.

Ein Grillhähnchen, das heißt ein Hähnchen, das in Imbißbetrieben, Grillstuben oder ähnlichem verkauft und verzehrt wird. ißt man im allgemeinen mit einer Serviette aus der Hand. Ein Tranchieren durch eine Fachkraft oder das Verkaufspersonal entfällt.

# Poularde/Masthuhn

Die Zerlegung des gebratenen Masthuhns erfolgt in folgenden Arbeitsschritten:

1. das Huhn auf der schön garnierten Platte den Gästen präsentieren;
2. die Gabel durch die Bauchöffnung in die Karkasse stecken und mit dem Tranchierbesteck das Huhn etwas anheben und schräg halten; den Bratensaft auslaufen lassen und das Tier auf das Tranchierbrett legen, ...
3. ... so daß das Huhn mit dem Rücken zum Trancheur und mit der Kopfseite nach rechts liegt;
4. mit der Gabel dort, wo das Gelenk ist, in die Keule stechen und diese leicht hochziehen;
5. die Haut um die Keule anritzen und das Huhn mit der flachen Messerklinge festhalten;
6. die Keule mit der Gabel über die Hand von der Karkasse abziehen, wenn notwendig mit der Messerspitze etwas nachhelfen;
7. die abgetrennte Keule auf das Tranchierbrett legen und im Gelenk mit der Messerspitze in zwei Teile schneiden, diese dann auf der Platte warm halten;
8. das Huhn umdrehen, die zweite Keule auf die gleiche Weise abtrennen und auf der Platte warm halten;
9. das Huhn auf den Rücken legen und mit der Gabel festhalten, dabei die Gabel an der Stelle, wo die Keulen waren, in die Karkasse stecken;
10. die Brust etwas oberhalb des Flügelgelenks einschneiden, dann mit dem Tranchiermesser am Brustbein senkrecht nach unten fahren und dabei das Flügelgelenk durchtrennen; die Flügel ebenfalls auf der Platte warm halten;
11. auf die gleiche Weise den zweiten Flügel abtrennen und warm halten;
12. nun das Brustfleisch ablösen: mit der Gabel weiterhin das Huhn festhalten und mit dem Messer einen Schnitt entlang des Brustbeines bis hinunter zur Karkasse führen;
13. das Messer über den Rippenknochen leicht anwinkeln und die Brust vom Gerippe wegdrücken;
14. je nach Größe der Poularde die ausgelöste Brust quer in drei bis vier Tranchen schneiden und diese warm legen;
15. die andere Brusthälfte ebenso tranchieren;
16. die sich auf dem hinteren Teil der Karkasse befindenden Nüsse mit dem Vorlegelöffel abheben und mitservieren;
17. das Tranchierbrett mit dem Tranchierbesteck und der Karkasse abräumen;
18. die Tranchen auf dem vorgewärmten Eßteller fein säuberlich und fachgerecht anrichten, wobei darauf zu achten ist, daß den Gästen Brust und Keule gleichermachen angeboten wird;
19. zu den Fleischtranchen die Beilagen fachgerecht hinzugeben, das weiße Brustfleisch nur wenig mit der Sauce nappieren;
20. die angerichteten Teller ausservieren;
21. den Nachservice vorbereiten und auf heißen Tellern anrichten;
22. der Nachservice kann auch im Vorlegeservice angeboten werden.

Hinweis:
Diese Tranchiermethode gilt für fast alle größeren Geflügelarten, also auch für Perlhuhn, Kapaun, Brathähnchen und Masthühnchen.

Die Poularde präsentieren.

Die Poularde auf das Tranchierbrett heben, dabei den Bratensaft auslaufen lassen.

Die Haut an den Keulen einschneiden.

Die Keulen abziehen.

Die zweite Keule wegdrücken.

Die Keulen im Gelenk durchschneiden.

Ober- und Unterkeule getrennt.

Besteck zum Abtrennen der Flügel ansetzen.

Abgetrennter Flügel.

Durch einen Längsschnitt die Brust auslösen.

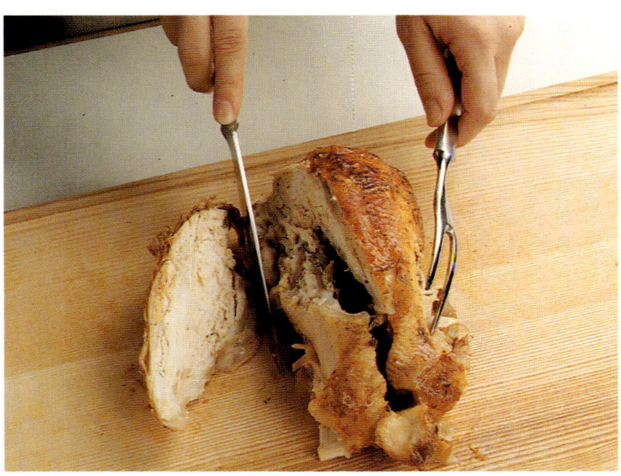
Die Brust wegdrücken.

Die ausgelöste Brust tranchieren.

# Tauben und Küken

Kleines Geflügel wie die Taube oder das Stubenküken wird nur halbiert. Man legt es auf den Rücken, die Kopfseite vom Trancheur weg, schneidet das Brustbein von vorne nach hinten durch und zerschneidet dabei gleichzeitig das Rückgrat.

Die Wirbelknochen werden entfernt, indem man die Knorpel mit dem Messer von den Rippen wegdrückt.

Bei etwas größeren Tauben oder Küken drückt man die Knorpel oberhalb der Keule durch, so daß man zwei Bruststücke mit Flügel und zwei Keulenstücke bekommt.

Man kann auch, wie bei größerem Geflügel, die Keulen aus der Karkasse ziehen und diese im Gelenk zerteilen.

Stubenküken präsentieren.

Das Küken auf dem Brett.

Das Tranchierbesteck ansetzen.

Das Stubenküken ist halbiert.

Das Küken vierteln.

Im ersten Service Brust und Keule der einen Hälfte anrichten.

# Ente

(frz. *canard*)

Für das Tranchieren im Restaurant eignen sich am besten frische, fleischige Enten (z. B. Rouen- oder Barbarie-Enten). Die Entenbrust sollte rosa gebraten sein; deswegen müssen die Keulen während des Tranchiervorgangs in die Küche zum Nachbraten gebracht werden. Durchgebratene Enten werden zu leicht trocken. Es gibt drei Methoden, die Ente zu tranchieren:

1. Man tranchiert sie wie eine Poularde, indem man die Keulen, die Flügel und die Brust auslöst, tranchiert und serviert.
2. Man löst die Keulen aus und schneidet die Brust zusammen mit den Flügeln von der Karkasse.
3. Man löst zuerst die Keulen aus; dann tranchiert man die Brust fächerförmig auf der Karkasse; anschließend löst man die Flügel aus dem Brustgelenk.

Weil die Ente einen etwas anderen Körperbau hat als die Poularde, liegen die Gelenke tiefer im Körper. Um das Gelenk besser auszulösen, muß man deshalb die Messerspitze tiefer in die Karkasse einführen.

Die Ente präsentieren.

Die Ente auf das Brett legen, vorher den Bratensaft ablaufen lassen.

Die Haut um die Keule einschneiden.

Mit der Messerspitze das Gelenk an der Karkasse durchtrennen.

Die ausgelöste Keule.

Die Keule im Gelenk halbieren.

Den Flügel unterhalb der Brust abtrennen.

Die Brust durch einen Längsschnitt von der Karkasse trennen.

Die Brust tranchieren.

Die tranchierte Brust zurück auf die Platte legen.

Bei dieser Methode wird die Brust mit dem Flügel zugleich von der Karkasse tranchiert.

Die mit dem Flügel ausgelöste Brust, tranchiert.

Auf der Karkasse wird die Brust in Streifen geschnitten.

Die fächerförmig ausgelöste Brust.

*Zur 1. Methode:*

- Die Platte mit der Ente wird präsentiert.
- Dann wird die Ente mit dem Tranchierbesteck angehoben und schräg gehalten, damit der Bratensaft über der Platte ausläuft.
- Die Ente wird mit dem Rücken zum Trancheur, den Kopf nach rechts auf das Tranchierbrett gelegt.
- Man sticht mit der Tranchiergabel von hinten in das Gelenk zwischen der Ober- und der Unterkeule und schneidet die Haut um die Keule herum ein.
- Die Keule wird über die Hand von der Ente weggezogen, wobei man mit dem Messer nachhilft, indem man das Fleisch einschneidet. Mit der Messerspitze wird das Gelenk an der Karkasse durchgetrennt.
- Auf dem Tranchierbrett wird die Keule zwischen der Ober- und der Unterkeule in zwei Stücke geteilt, die dann auf der Platte warm gehalten werden. Falls erforderlich, werden sie in die Küche zum Nachbraten geschickt und dann im Nachservice serviert.
- Man macht über den Flügeln einen schrägen Schnitt in das Brustfleisch, fährt dann mit dem Messer am Brustbein herunter und schneidet das Gelenk mit einem kräftigen kurzen Schnitt (mit einem sogenannten „coup sec") durch. Auch die Flügel werden warm gelegt.
- Die Brust tranchiert man, indem man mit dem Tranchiermesser am Rückgrat entlang, von hinten nach vorne, das Fleisch bis zu den Rippen einschneidet und mit dem angewinkelten Messer von der Karkasse wegdrückt.
- Die ausgelöste Brust wird auf dem Brett schräg in drei bis vier Tranchen geschnitten, warm gelegt.
- Nachdem das Tranchierbrett mit der Karkasse abgeräumt ist, werden die Teller fachlich angerichtet.

*Zur 2. Methode:*

- Die Keulen werden wie beschrieben ausgelöst.
- Mit dem Messer schneidet man am Rückgrat entlang das Fleisch bis zu den Rippen durch. Dabei schneidet man von hinten nach vorne. Mit der angewinkelten Klinge drückt man die Brust von der Karkasse weg und schneidet im gleichen Arbeitsgang das Brustgelenk durch. Somit bleiben Brust und Flügel zusammenhängend.
- Die mit dem Flügel ausgelöste Brust schneidet man in drei bis vier schräge Tranchen, so daß eine Tranche mit dem Flügel zusammenhängt.
- Die tranchierte Brust wird warm gelegt.

*Zur 3. Methode:*

- Die Keulen werden wie beschrieben ausgelöst.
- Am Kopfende beginnend schneidet man die Brust auf der Karkasse in 1 bis 1,5 cm breite Streifen. Die Tranchen am Kopfende bleiben mit der Brust verbunden, wodurch eine fächerförmige Anordnung entsteht. Dort, wo der Fächer mit der Brust verbunden ist, löst man das Fleisch von der Karkasse und erhält eine fächerförmige Brust.
- Nun wird der Flügel ausgelöst.
- Die fächerförmig tranchierte Entenbrust wird als besonders schönes Stück zuerst serviert. Keule und Flügel bleiben dem Nachservice vorbehalten.

# Gans

(frz. *oie*)

Die Gans wird auf ähnliche Weise wie das Masthuhn tranchiert. Besonders geeignet für das Tranchieren im Restaurant sind fleischige Gänse.

Die dekorativ auf der Platte angerichtete Gans wird den Gästen präsentiert und auf dem Beistelltisch mittels Rechaud warm gehalten.

Mit dem Tranchierbesteck hebt man die Gans auf das Tranchierbrett. Dabei hält man sie etwas schräg und läßt den Bratensaft über der Platte auslaufen. Die Gans wird mit dem Rücken zum Trancheur und mit der Kopfseite nach rechts auf das Tranchierbrett gelegt. Ist die Gans gefüllt, wird die Füllung mit dem Vorlegelöffel aus der Bauchhöhle herausgenommen und auf der Platte warm gelegt.

Zuerst werden die Keulen tranchiert.

Man schneidet die Haut um die Keule herum ein, sticht mit der Tranchiergabel von unten in das Gelenk und zieht die Keule über der Hand ab. Mit dem flachen Tranchiermesser hält man die Gans fest. Falls notwendig, wird das Fleisch um die Keule herum eingeschnitten und dabei mit der Messerspitze am Gelenk nachgeholfen.

Die zweite Keule wird auf die gleiche Weise ausgelöst. Dazu wird die Gans auf die andere Seite gedreht. Dort, wo die erste Keule saß, sticht man mit der Gabel in die Karkasse und hält so die Gans fest.

Die Keulen werden auf dem Tranchierbrett im Gelenk tranchiert. Ober- und Unterkeule werden auf die Platte gelegt und dort warm gehalten.

Man schneidet mit dem Messer die Brust etwas über dem Flügelknochen ein und fährt dann mit dem Messer senkrecht am Brustbein herunter. Das Gelenk wird an der Brust abgetrennt. Dann wird der ausgelöste Flügel warm gelegt.

Das gleiche geschieht mit dem zweiten Flügel. Die Gans wird dazu wieder herumgedreht.

Man tranchiert die Brust, indem man mit dem Messer einen Schnitt am Brustbein entlang von hinten nach vorne macht, der bis auf die Rippen hinuntergeht. Das Messer winkelt man leicht an und drückt so die Brust von der Karkasse.

Auf dem Tranchierbrett wird die ausgelöste Gänsebrust quer in 3 bis 4 cm dicke Tranchen geschnitten und ebenfalls warm gelegt.

Nach dem Tranchieren räumt man das Tranchierbrett mit der Karkasse ab und richtet die Teller fachgerecht an. Dabei ist darauf zu achten, daß der Gast gleichmäßig Keule und Brust bekommt.

Der Nachservice wird wie üblich vorbereitet.

Präsentieren der Platte.

Die Haut um die Keule einschneiden.

Die Keule abtrennen.

Die Keule am Gelenk teilen.

Obere und untere Keule.

Die Haut um die Flügel einschneiden.

Auslösen des Flügels.

Abgetrennter Flügel.

Auslösen der Brust durch einen Längsschnitt.

Auslösen der Brust durch Wegdrücken mit dem Messer.

Tranchieren der Brust.

Tranchierte Brust.

# Pute

(frz. *dinde*)

Kleinere Puten wie Babyputen werden wie Gänse tranchiert. Sie können im Bankettservice für eine kleinere Gesellschaft *beim* Tisch tranchiert werden.

Die größere Pute wird meistens am Büfett angeboten oder auf der Voiture im À-la-carte-Geschäft. Dann werden die gewünschten Portionen auf der Karkasse tranchiert.

1. Methode für den Bankettservice:

- Die Pute wird den Gästen präsentiert.
- Dann wird sie mit dem Tranchierbesteck auf das Tranchierbrett gehoben. Hierbei ist darauf zu achten, daß durch Schräghalten der Pute der Bratensaft über der Platte ausläuft.
- Die Pute muß mit dem Rücken zum Trancheur und mit der Kopfseite nach rechts liegen.
- Zuerst werden die Keulen ausgelöst. Man sticht mit der Tranchiergabel von hinten in das Keulengelenk.
- Mit der Gabel zieht man die Keule von der Brust weg.

- Man schneidet mit dem Tranchiermesser die Haut um die Keule herum ein.
- Man schneidet das Fleisch ein und das Gelenk an der Karkasse durch.
- Die tranchierte Keule wird auf dem Tranchierbrett in die Ober- und Unterkeule geteilt.
- Das Fleisch der Keule wird längs vom Röhrenknochen tranchiert und warm gelegt.
- Nun wird die Brust ausgelöst. Dazu wird schräg über dem Flügel ein Schnitt zu den Rippen hin ausgeführt.
- Man fixiert die Pute, indem man mit der Tranchiergabel an der Stelle, wo die Keulen saßen, in die Karkasse sticht.
- Am Rückgrat entlang schneidet man mit dem Tranchiermesser bis zu den Rippen das Brustfleisch ein und fährt mit dem angewinkelten Messer über die Rippen nach unten. Dabei löst man die Brust von der Karkasse.
- Die ausgelöste Brust tranchiert man auf dem Brett durch Schrägschnitte in dünne Tranchen. Diese werden entweder auf der Platte warm gelegt oder direkt auf dem Teller angerichtet.
- Die Flügel werden ausgelöst, indem man durch einen Schnitt am Brustbein herunter das Brustgelenk durchtrennt. Das Fleisch des Flügels wird, ebenfalls durch Längsschnitte, vom Röhrenknochen gelöst.
- Die Teller werden nun fachgerecht angerichtet.

2. Methode für das Tranchieren am Büfett oder auf dem Wagen:
- Die Keulen werden wie bereits beschrieben ausgelöst.
- Die Flügel werden an der Karkasse belassen.
- Die Brust wird auf der Karkasse tranchiert. Man schneidet senkrecht dünne Tranchen von der Brust. (Man kann aber auch waagerecht Tranchen zur Karkasse hin schneiden.)
- Die Flügel werden zuletzt ausgelöst. Dabei wird das Fleisch vom Flügelknochen längs in Tranchen geschnitten.

Hinweis:
Beim Tranchieren der Putenbrust ist sehr vorsichtig zu verfahren, denn das Putenbrustfleisch ist trocken und daher sehr brüchig. Man schneidet mit einem scharfen Messer dünne und nicht zu lange Tranchen. Das weiße Brustfleisch wird mit der Sauce nur nappiert, nicht überdeckt. Auf dem Teller wird immer sowohl helles Brustfleisch als auch dunkles Fleisch von der Keule angerichtet.

Präsentieren der Platte.

Ansetzen des Tranchierbestecks.

Auslösen des Schenkels.

Der ausgelöste Schenkel.

Einschneiden der Brust über dem Flügel.

Senkrechte Tranchen ...

... von der Brust schneiden.

Ober- vom Unterschenkel trennen.

Ablösen des Fleischs vom Röhrenknochen.

# Fasan

(frz. *faisan*)

Ein Fasan ist wie eine Poularde zu tranchieren.

Weil das Brustfleisch etwas trocken ist, zerfällt es sehr leicht und muß aus diesem Grund vorsichtig ausgelöst werden.

Wegen des trockenen Brustfleischs wird der Fasan oftmals vor dem Braten mit Speck umwickelt (bardiert). Der Speck wird vor dem Tranchieren mit dem Vorlegebesteck entfernt, in Streifen geschnitten und später mitserviert.

Weil die Unterschenkel des Fasans stark mit Sehnen durchzogen sind, werden sie nicht vorgelegt.

Das weiße Brustfleisch wird nicht mit Sauce übergossen.

Den Fasan präsentieren.

Auslösen der Keule.

Die Brust oberhalb des Flügels einschneiden.

Durch einen Längsschnitt die Brust auslösen.

Die Brust tranchieren.

Die tranchierte Brust auf den Teller heben.

# Wild

## Hasenrücken

Der Hasenrücken wird in der Regel für zwei Personen angeboten. Er wird in der Küche rosa gebraten und mit den Beilagen auf einer Platte angerichtet. Die Sauce kommt in einer Sauciere separat dazu.

Nach dem Präsentieren stellt man die Platte auf dem Beistelltisch auf Rechaudplatten warm. Dann hebt man mit dem Vorlegebesteck den Hasenrücken auf das Tranchierbrett.

Die Rückenfilets werden mit dem Vorlegebesteck ausgelöst.

Man hält den Hasenrücken am Rückgrat fest und drückt – wie beim Rehrücken – zuerst das eine Rükkenfilet mit dem Löffel von den Rippenknochen herunter, dann dreht man den Rücken um 180 Grad, löst das andere Rückenfilet auf die gleiche Weise und schneidet die so ausgelösten Rückenfilets schräg in drei bis vier Tranchen. Diese richtet man gleich auf den vorgewärmten Tellern an. Das rosa gebratene Fleisch wird mit der Sauce nur nappiert.

Dann werden die mit den Beilagen versehenen Teller serviert. Die übrige Sauce und die restlichen Beilagen werden in einem Nachservice angeboten.

Hinweis:

Die eigentlichen Filets sollten von der Küche am Rücken belassen sein. Sie werden vom Trancheur ebenfalls mit dem Löffel ausgelöst. Dazu muß der Rücken gewendet werden. Wenn die Filets noch schön erhalten sind, können sie als Nachservice gereicht werden. Man kann sie aber auch gleich mit auf den Teller legen.

## Rehkeule

Die Rehkeule wird wie die Lammkeule tranchiert.

## Rehrücken

Das Tranchieren des Rehrückens wird auf den Seiten 133–135 ausführlich beschrieben.

## Wildschwein

Vom Wildschwein kommt eventuell der Frischlingsrücken oder die Frischlingskeule zum Tranchieren in das Restaurant. Die Tranchiermethode entspricht derjenigen beim Kalbsrücken bzw. bei der Kalbskeule.

# Flambieren

# Flambieren

## Vom Sinn des Flambierens

Zu den besonderen Möglichkeiten der Restaurantfachkraft, ihre fachlichen Fähigkeiten *beim* Tisch zu beweisen, gehört das Flambieren.

Hierbei wird Organisationstalent, handwerkliches Können und fachliches Wissen ebenso gefordert wie Einfühlungsvermögen.

Es ist also die beste Gelegenheit zur Selbstdarstellung der Fachkraft, obwohl die Zubereitung von Speisen im Restaurant *beim* Tisch des Gastes von einigen Gastronomen immer wieder abgelehnt wird.

Das Flambieren soll im Rahmen des gesamten Speiseangebots sinnvoll als ein besonderer Höhepunkt eingebaut sein.

Dazu ist, wie an anderer Stelle schon erwähnt, erforderlich, daß die räumlichen und praktischen Voraussetzungen für die Arbeiten *beim* Tisch des Gastes gewährleistet sind.

Ist dies der Fall, so kann eine gewisse Erlebnisgastronomie geboten werden, denn der eigentliche Sinn des Flambierens besteht im Verfeinern der Speisen mit alkoholischen Getränken *beim* Tisch des Gastes und nicht in der Darbietung einer artistischen Leistung im Sinne vom Abbrennen eines Feuerwerks.

### Die Organisation

Mit dem Entgegennehmen der Bestellung im À-la-carte-Geschäft erhält die Restaurantfachkraft den Auftrag, ein Flambee *beim* Tisch des Gastes zuzubereiten.

Da es vorkommen kann, daß an einem Tisch mehrere Arbeiten gleichzeitig vom Guéridon aus durchgeführt werden müssen, beginnt also schon mit dem Entgegennehmen der Bestellung die Organisation der Arbeitsvorbereitung, nämlich das Bereitstellen, die Mise en place, aber auch die Koordination des Serviceablaufs. Weil das Flambieren eine zeitaufwendige Arbeit ist und weil die Gäste an einem Tisch die Speisen gleichzeitig und in der richtigen Reihenfolge serviert bekommen müssen, ist die Zeiteinteilung eine sehr wichtige organisatorische Voraussetzung. Es ist somit eine gut abgestimmte Zusammenarbeit mit der Küche erforderlich, so daß die in der Küche fertiggestellten Gerichte gleichzeitig mit den im Restaurant fertiggestellten Flambees serviert werden können.

Sind diese Vorausetzungen nicht gegeben, dann schlägt der durch ein besonderes Angebot gewünschte Erfolg in einen Mißerfolg um.

*Arbeitsgeräte für das Flambieren*

1. Die Flambiergeräte:
   - das Tischgerät
   - der Flambierwagen
   - die Energiequelle (Gasflaschen verschließen! Sicherheitsventile beachten!)
2. Das Rechaud (Warmhalteutensilien)
3. Die Flambiergefäße:
   - die Pfannen
   - die Kasserollen
   - die Töpfe
4. Das Besteck:
   - die Vorleger
   - die Kellen
   - das Meßglas
5. Das Porzellan:
   - die Teller

## Regeln zum Flambieren

- Flambiert werden nur Gerichte, die in der Küche vorbereitet wurden und im Restaurant durch Hinzufügen von Spirituosen und anderen Zutaten verfeinert werden.
- Zu beachten ist, daß die verwendeten Speisen, Spirituosen und Heizmittel keine unangenehmen Gerüche im Restaurant verbreiten und daß durch die Arbeitsweise keine Rauch- oder Geruchsbelästigung stattfindet.
- Der Flambierwagen und der Beistelltisch müssen so plaziert werden, daß ein Sicherheitsabstand zu den Gästen und zu leicht brennbaren Gegenständen eingehalten wird.
- Das Entzünden der Spirituose kann mit unterschiedlicher Weise erfolgen:

1. Wie beim Rehrücken beschrieben, mit einem langen Streichholz oder einem Spiritusbrenner. Auf keinen Fall an einer Kerze entzünden, weil Kerzen rußen.
2. Durch Entzünden der Spirituose in der Kelle über der Gasflamme des Tranchierwagens.
3. Durch Wegziehen und Schräghalten der Pfanne, so daß die Flamme des Brenners überschlagen kann.

- Es darf nie aus einer Spirituosenflasche Alkohol direkt in das Flambiergefäß gegossen werden: Es besteht die Gefahr einer Explosion oder einer gefährlichen Stichflamme!
- Das Flambiergut darf nicht zu viel Flüssigkeit aufweisen, denn sonst verbrennt der Alkohol nicht genügend, und der in der Speise verbleibende unverbrannte Alkohol überlagert den Geschmack.
- Bei Flambiergerichten von Fleisch oder Fisch wird zuerst flambiert und dann die Sauce zubereitet.
- Bei Süßspeisen wird zuerst die Sauce aufgebaut und dann mit den Spirituosen verfeinert.
- Die Geschmacksverbesserung erfolgt nicht durch das Verbrennen des Alkohols, sondern durch die Aroma- und Geschmacksstoffe der Spirituosen, die in der Speise verbleiben.

Durch die Hitze des verbrennenden Alkohols können lediglich in den Speisen befindliche Zuckerstoffe karamelisiert werden und die Geschmacksgebung beeinflussen.

- Bei Süßspeisen haben die Liköre die Aufgabe, das Flambiergericht mit den ihnen eigenen Geschmacks- und Aromastoffen zu würzen und zu parfümieren.
- Die Flamme im Flambiergefäß ist möglichst klein zu halten.
- Beim Flambieren von Fleischgerichten ist die Flambierpfanne vom Feuer zu nehmen, bis das Prasseln und Zischen aufhört.

Die Gerichte soll man also zuerst abkühlen lassen und dann erst die Spirituosen mit einer Kelle oder einem Meßglas hinzufügen.

- Das Flambiergut Fisch oder Fleisch muß erst bis zur gewünschten Garstufe zubereitet werden, dann erst kann flambiert werden.
- Es ist angewärmter Alkohol und keiner aus dem Kühlschrank zu benutzen.
- Hat das Flambiergericht zu viel Flüssigkeit gezogen, so wird durch das Schräghalten des Flambiergefäßes die Flüssigkeit zur tiefen Seite hingeführt, die Spirituose wird dann auf die flache Stelle gegossen und entzündet.
- Der Verbrennungsvorgang kann durch Rütteln und Schwenken des Flambiergefäßes gesteuert werden.
- Flambiert werden kann nur für einen kleinen Personenkreis (höchstens vier Personen).
- Die notwendige Mise en place muß vor dem Beginnen der eigentlichen Arbeit komplett vollendet sein.
- Die Rezeptur muß dem Flambeur genauestens bekannt sein.
- Der richtige zeitliche Ablauf der Arbeitsschritte muß unbedingt eingehalten werden.
- Eine Rezeptekartei, eventuell mit Fotos der fertigen Gerichte versehen, unterstützt die Arbeit wesentlich.

*Zusammenstellen von Zutaten*

Fette zum Braten:
- Öl
- Butter
- Butterschmalz

Buttermischungen zum Verfeinern der Saucen:
- Knoblauchbutter
- Kräuterbutter
- Kümmelbutter
- Krebsbutter
- Hummerbutter
- Lachsbutter
- Sardellenbutter
- Orangenbutter

Bindemittel:
- Mehl-Butter-Mischung (beurre manié)
- Mais- oder Stärkemehl
- Butter
- Sahne
- saure Sahne
- Crème fraîche

Saucen:
- Demi-glace
- Fonds
- Grundsaucen

*Auswahl der alkoholischen Getränke*

Die Spirituosen:

Die Wahl der Spirituosen ist dem Flambiergut entsprechend vorzunehmen.

Einige Beispiele:
- Calvados zu Gerichten mit Äpfeln
- Kirschwasser zu Kirschen
- Birnenbrand zu Birnen
- Gin, Genever zu Wildgerichten

Zum Flambieren werden hochprozentige Spirituosen genommen:
- Weinbrand
- Cognac
- Armagnac
- Metaxa
- Calvados
- Kirschwasser
- Himbeergeist
- Birnengeist
- Aprikosenbrand, wie z. B. Marillenbrand oder Barack Palinka
- Wodka
- Gin, Genever
- brauner Rum
- weißer Rum
- Whisky, Whiskey
- Anisée

Zum Würzen und Parfümieren nimmt man aromatische Liköre:
- Grand Marnier
- Cointreau
- Curaçao, weiß
- Maraschino
- Tia Maria
- Drambuie
- Amaretto
- Pfirsichlikör
- Marillenlikör

Bei Verwendung von Wein:
- trockene bis halbtrockene, nicht zu säurebetonte Weißweine
- trockene, nicht zu herbe Rotweine
- trockener Wermut
- Portwein
- Madeira

Bei Verwendung von Schaumwein und Champagner:
- die Geschmacksrichtungen brut bis ultra brut

Gewürze und Würzmittel:
- Pfeffer
- Salz
- Senf
- Tabasco
- Worcestersauce
- Ketchup
- Petersilie
- Kerbel
- Estragon
- Basilikum
- Dill
- Nelken
- Muskat
- Cayennepfeffer
- Zwiebeln
- Schalotten
- Knoblauch

## Arbeitsweisen

Die Arbeitsmethoden für das Flambieren richten sich nach den zu flambierenden Produkten. Auf den folgenden Seiten sind nur einige Beispiele mit Rezepturen genannt. Sicher sind Abweichungen bei der Auswahl der Zutaten möglich. Bei den Arbeitsweisen jedoch sollte sich die Restaurantfachkraft aus praktischen Gründen an die vorgegebenen Arbeitsschritte halten.

Das Flambieren durch Übergießen mit einer brennenden Spirituose findet Anwendung bei:
- Rehrücken
- Filetbraten
- ganzen Geflügelstücken
- Omelette surprise
- Plumpudding

Das Flambieren durch Übergießen wird auch dann angewandt, wenn die Speise schonend behandelt werden und nur eine Geschmacksverbesserung durch das Abbrennen des Alkohols auf der Oberfläche des Flambierguts erfolgen soll.

# Rehrücken

*(Flambieren und Tranchieren)*

Der Rehrücken kommt auf einer Platte angerichtet aus der Küche und wird den Gästen präsentiert. Dann befreit man ihn von der Garnitur.

Die notwendige Menge Weinbrand oder Cognac, dem eventuell etwas Curaçao orange beigemischt wurde, gibt man in eine Kelle (Louche).

Über einer Flamme erhitzt man die Spirituose, zündet sie an und gießt sie dann brennend über den Rehrücken. Zum Entzünden benutzt man eine Spiritusflamme oder ein langes Streichholz.

Zum Flambieren kann aber auch Kirschwasser oder Genever genommen werden.

Den flambierten Rehrücken legt man auf das Tranchierbrett.

Befindet sich Flambierfond auf der Platte, so wird dieser mit der Sauce vermischt.

Die Platte präsentieren.

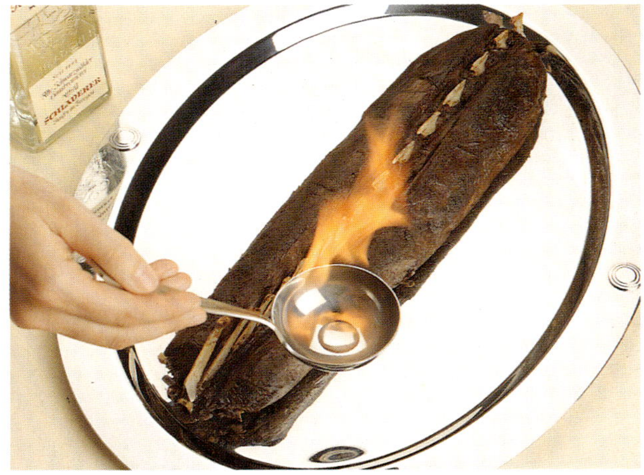

Die Spirituose in der Schöpfkelle entzünden und über den Rehrücken gießen.

Mit dem Tranchiermesser schneidet man entlang dem Rückgrat.

Der Schnitt wird bis zu den Rippenknochen geführt und dabei das Rückenfilet ausgelöst.

Das Tranchieren geschieht folgendermaßen:

- Man hat den Rehrücken auf der Platte mit der Spirituose übergossen und flambiert und dann auf das Tranchierbrett gehoben. Dort liegt der Rücken quer zum Trancheur.
- Mit dem Tranchiermesser schneidet man entlang dem Rückgrat bis auf die Rippen hinunter.
- Dann fährt man mit dem angewinkelten Messer über die Rippen und löst den Rückenstrang, das sogenannte Rückenfilet, aus.
- Um den zweiten Rückenstrang auszulösen, dreht man den Rehrücken um 180 Grad. Wenn der Rehrücken schon in der Küche vor dem Braten am Rückgrat entlang etwas eingeschnitten wurde, kann man ihn auch mit dem Löffel auslösen. Dies hat den Vorteil, daß man das Fleisch besser ablösen kann und weniger an den Knochen hängenbleibt.
- Der Rückenstrang wird auf dem Brett schräg in ca. 3 cm dicke Tranchen geschnitten. Dabei schneidet man von rechts nach links, also zum Stück hin. So bleiben die geschnittenen Tranchen besser liegen.
- Zum Warmhalten legt man die Tranchen auf die Platte, oder man richtet die Teller mit den Beilagen an und serviert sofort die fertigen Teller.

Um die zweite Seite des Rückens auszulösen, dreht man ihn um 180 Grad.

Bei dieser Variante löst man die Rückenfilets mit dem Löffel heraus.

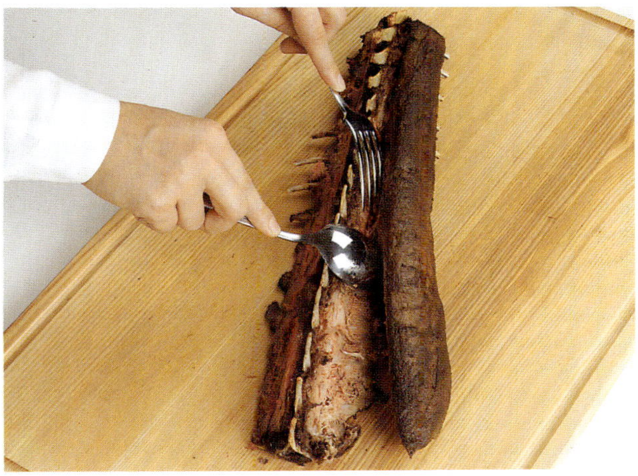

Dies ist nur möglich, wenn schon in der Küche der Rücken entlang dem Rückgrat eingeschnitten wurde.

Man schneidet schräge Tranchen von links nach rechts.

# Rinderfiletscheiben

Das Flambieren von kurzgebratenen Fleischstücken findet Anwendung bei:

- Filetscheiben
- Lammkoteletts
- Kalbsnieren
- Kalbsgeschnetzeltem
- Medaillons
- Kalbslebern
- Rinderfiletstreifen

Arbeitsschritte:

- das Flambiergerät erhitzen
- das Fett in das Gefäß geben
- das Flambiergut bis zur gewünschten Garstufe braten
- das Gefäß vom Feuer nehmen und abkühlen lassen, bis das Prasseln aufhört
- mit einer Kelle oder dem Meßglas die Spirituose hinzugeben und
- über dem Feuer entzünden
- die Flamme möglichst klein halten
- nach Beendigung des Flambiervorgangs das Flambiergut aus dem Gefäß nehmen und warm stellen
- den Bratsatz mit einer Grundsauce ablöschen
- mit Gewürzen verfeinern und
- und mit den vorgesehenen Bindemitteln binden
- das Flambiergut und die Beilagen auf dem heißen Teller anrichten
- das Flambiergut mit der Sauce nappieren und servieren

Präsentieren der Zutaten.

Die Butter in der Pfanne zerlaufen lassen, die Zwiebeln dazugeben und glasig werden lassen.

Die Filetscheiben in die Pfanne legen und auf beiden Seiten kurz anbraten.

Die Spirituose mit der Kelle in die Pfanne gießen.

Durch Wegziehen und Schräghalten der Pfanne wird die Spirituose entzündet.

Die Filetscheiben warm stellen und den Fond mit der Demiglace ablöschen.

Die Champignonscheiben hinzugeben.

Mit Salz und Pfeffer würzen.

Die flüssige Sahne in die Sauce gießen.

# Kalbsgeschnetzeltes

Arbeitsweise beim Flambieren von kleingeschnittenem, kurzzubratendem Fleisch:

- das Flambiergefäß erhitzen
- das Fett in das Gefäß geben
- kleingeschnittene Zwiebeln glasig werden lassen (um den Geruch zu vermeiden, ist es jedoch besser, sie schon vorher zu garen)
- das Flambiergut hinzugeben und bis zur gewünschten Garstufe braten
- würzen
- das Gefäß vom Feuer nehmen und
- abkühlen lassen, bis das Prasseln aufhört
- die Spirituose mit einer Kelle oder dem Meßglas hinzugeben und
- über dem Feuer entzünden
- die Flamme klein halten und abbrennen lassen
- das Flambiergut aus dem Gefäß nehmen und
- warm stellen
- die Sauce verfeinern und binden
- das Flambiergut wieder zurück in das Gefäß legen
- Sauce und Flambiergut sich vermählen lassen
- das fertige Gericht auf einen heißen Teller geben und mit den Beilagen und der Garnitur anrichten
- servieren

Präsentieren der Zutaten.

Die Butter in der Pfanne erhitzen.

Die Zwiebeln glasig werden lassen.

Das Geschnetzelte anbraten.

Die Spirituose mit der Kelle in die Pfanne geben.

Den Alkohol entzünden.

Den Fond mit der Demi-glace ablöschen.

Die Champignons hinzugeben und würzen.

Mit der Sahne binden.

Das Fleisch unter die Sauce geben.

# Kaisergranat

(frz. *langoustine*)

Er wird auch Kaiserhummer, Kronhummer oder Scampo (Mehrzahl Scampi) genannt.

Der Kaisergranat gehört zur Gattung der Tiefseehummer und lebt in den Küstengewässern der Bretagne und Norwegens sowie im Mittelmeer in einer Tiefe bis zu 500 m auf weichem Grund.

Er wird bis zu 24 cm lang und hat schlanke Scheren.

Es wird fast nur das Fleisch aus dem „Schwanz" verwendet, welches sehr schmackhaft ist.

Der Kaisergranat ist zu den Hummern zu rechnen und nicht zum Granat, welcher eine Garnelenart ist.

Präsentieren der Zutaten.

## Flambieren von Scampi

Man erwärmt eine Flambierpfanne und reibt sie mit einer Knoblauchzehe ein; dann zerläßt man etwas Butter, gibt feingehackte Zwiebeln dazu, die man glasig werden läßt.

Danach legt man die in der Küche vorbereiteten Scampi in die Pfanne, brät sie bei kleiner Flamme leicht braun und würzt sie mit Salz und Pfeffer aus der Mühle.

Die Scampi werden mit Anisée flambiert, den man neben der Pfanne in eine Kelle gibt und über die heißen Scampi gießt. Durch das Schräghalten der Pfanne springt die Flamme über.

Nach dem Verlöschen der Flamme nimmt man die Pfanne vom Feuer, legt die Scampi in ein zweites Flambiergefäß oder eine Kokotte und hält sie warm.

Dann stellt man die Pfanne wieder auf das Feuer und löscht den Flambierfond mit trockenem Weißwein ab.

Nun gibt man die Tomatenconcassé in den Fond. Man kann auch feingeschnittene Oliven und Champignons hinzufügen. Mit der flüssigen Sahne bindet man die Sauce und streut feingehackte Kräuter (Petersilie, Kerbel, Estragon) darüber.

Die warm gelegten Scampi legt man auf den heißen Eßteller und gibt die Sauce darüber.

Die Scampi können mit Reis oder warmem Weißbrot serviert werden.

Die heiße Pfanne mit einer Knoblauchzehe ausreiben.

Butter in der Pfanne zerlaufen lassen, Zwiebeln dazugeben.

Die Zwiebeln glasig werden lassen.

## Flambieren von Krustentieren

Es gibt viele Rezepturen, das Fleisch von Krustentieren zu flambieren: Die Palette reicht von der Variation „indisch mit Curry und Früchten“ bis zu den verschiedenen Abwandlungen „Provençale“.

Die Vorbereitung in der Küche geschieht folgendermaßen:

Die Krustentiere werden pochiert, der Panzer wird entfernt, Magen und Darm werden herausgenommen.

Bei kleineren Tieren wie dem Kaisergranat wird der Schwanz der Länge nach halbiert, bei größeren wie dem Hummer und der Languste wird er in Medaillons geschnitten und mit Zitronensaft beträufelt.

Das Fleisch aus den Hummerscheren wird ebenfalls flambiert und zur Dekoration mit auf den angerichteten Teller gelegt.

Die Scampi in die Pfanne legen und leicht braun braten.

Mit der Kelle einen Anisée 40 bis 45 Vol.-% in die Pfanne gießen.

Die Scampi flambieren.

Die Scampi warm stellen, den Fond mit trockenem Weißwein ablöschen.

Tomatenconcassé in den Fond geben, mit Salz und Pfeffer würzen.

Die Sauce mit flüssiger Sahne binden.

Frische Kräuter hineinstreuen.

Die fertige Sauce über die Scampi schöpfen.

# Flambieren von Süßspeisen und Obst

Beim Flambieren von Obst sollte darauf geachtet werden, daß nur frische Früchte von guter Qualität verwendet werden.

Muß man aber auf Konserven ausweichen, sollte man ganz besonders auf eine gute Qualität achten. Auch für das Flambieren gilt der Satz: Je besser die Zutaten, um so besser das Ergebnis.

Ist in einer Rezeptur Orangen- oder Zitronensaft angegeben, dann sollte nur der Saft von frisch ausgepreßten Früchten verwendet werden.

Die Früchte per Hand mit einer Gabel über der Flambierpfanne auszupressen, darauf kann heute verzichtet werden, ebenso darauf, Würfelzucker an einer Orange oder Zitrone zu reiben, denn die Früchte sind heute meistens gespritzt und daher nicht mehr naturbelassen.

Um den Rahmen dieses Buches nicht zu sprengen, stellen wir hier nur zwei Standardrezepte vor, nämlich Crêpes Suzette und flambierte Sauerkirschen.

*Allgemeine Arbeitsweise für das Flambieren von Süßspeisen:*

- das Flambiergefäß erhitzen
- den Streuzucker in das heiße Gefäß geben, leicht goldgelb werden lassen
- die Butter hinzugeben und
- mit dem Zucker karamelisieren lassen
- mit dem Fruchtsaft ablöschen
- etwas einkochen lassen, bis der Zucker sich aufgelöst hat
- die Früchte hinzugeben
- je nach Rezept Zimt oder weitere Zutaten hinzufügen
- mit Likör aromatisieren
- mit einer starken Spirituose flambieren
- anrichten und garnieren
- servieren

# Crêpes Suzette

Zutaten für 6 kleine Crêpes:

30 g Zucker
20 g Butter
0,1 l Orangensaft
0,05 l Zitronensaft
2 cl Cointreau
3 cl Weinbrand oder Cognac

*Arbeitsweise:*

- die Flambierpfanne erhitzen
- den Zucker leicht karamelisieren lassen
- mit der Butter schaumig rühren
- den Zitronensaft vorsichtig hinzufügen
- den Zucker auflösen
- den Saft sirupartig eindicken lassen
- die Crêpes einzeln in den Fond legen und
- durch zweimaliges Falten in Dreiecksform bringen
- mit dem Cointreau parfümieren
- mit dem Weinbrand oder Cognac flambieren
- bei kleiner Flamme die zusammengelegten Pfannkuchen am Pfannenrand warm halten
- auf warmen Tellern anrichten
- mit der restlichen Sauce nappieren
- servieren

Präsentation der Zutaten.

Den Zucker in die heiße Pfanne geben.

Butter hinzufügen.

Zucker und Butter leicht bräunen lassen.

Mit Orangensaft ablöschen.

Zitronensaft dazugeben.

Den reduzierten Fond mit Orangenlikör parfümieren.

Die Crêpes in die Pfanne legen und falten.

Die Crêpes wenden.

Mit der Kelle die Spirituose in die Pfanne gießen.

Die Crêpes flambieren.

Die Crêpes zum Anrichten auf den Teller legen.

# Flambierte Sauerkirschen

(frz. *cerises flambées*)

Zutaten für 2 Personen:

300 g pochierte Sauerkirschen
4 cl Kirschwasser
2 cl Grand Marnier
20 g Butter
30 g Zucker
Kirschsaft
Orangensaft
Zitronensaft
Zimt
2 Kugeln Vanilleeis
Schlagsahne
Mandelsplitter

Arbeitsweise:
- das Flambiergefäß erhitzen
- den Zucker in das Gefäß geben und
- leicht karamelisieren lassen
- die Butter hinzufügen
- die Butter schaumig rühren
- den Zucker und die Butter mit dem Kirschsaft ablöschen
- Orangen- und Zitronensaft dazugeben
- das Ganze einkochen lassen, bis der Zucker aufgelöst ist
- abgetropfte Kirschen beifügen
- mit etwas Zimt würzen
- die Kirschen erwärmen (nicht zerkochen lassen!), bis das Ganze eine gute Konsistenz aufweist
- mit Grand Marnier parfümieren
- mit dem Kirschwasser flambieren
- die Eiskugeln auf einem großen flachen Teller anrichten
- die Kirschen daneben plazieren
- gehackte Mandeln darüberstreuen
- mit Schlagsahne garnieren
- servieren

Präsentieren der Zutaten.

Den Zucker in die heiße Pfanne geben.

Die Butter dazugeben.

Den Zucker karamelisieren.

Mit Kirschsaft ablöschen.

Den Zitronensaft hinzufügen.

Den Fond etwas einkochen.

Mit Likör aromatisieren.

Die Kirschen in den Fond geben.

Mit der Spirituose flambieren.

# Obst

Zubereitung von Obst *beim* Tisch

Das Zubereiten von Obst *beim* Tisch des Gastes nennt man „filetieren". Diese Arbeit erfordert viel Geschick und kann durch Übung zur Vollkommenheit gebracht werden. Sie ist zeitaufwendig und wird in der Praxis leider nur noch selten ausgeführt, obwohl sie der Restaurantfachkraft Gelegenheit zu einer positiven Selbstdarstellung gibt und von den Gästen entsprechend honoriert wird.

Arbeitsvorbereitung

Es ist darauf zu achten, daß Obst im Restaurant wegen des zu großen Zeitaufwandes nur in kleinen Mengen *beim* Tisch des Gastes zubereitet werden kann. Daß nur erstklassiges Obst Verwendung findet, ist eine Selbstverständlichkeit.

Arbeitsgeräte:

- Beistelltisch
- flache Teller
- säurefestes Tranchierbrett mit einer Saftrinne
- Vorleger
- scharfes Obstmesser ohne Wellenschliff
- Obstgabel
- Abfallteller
- Grapefruitmesser
- Traubenschere
- Stoffserviette
- Schale mit frischem klarem Wasser
- mittleres Tranchiermesser

Durch Zugabe einer Spirituose aromatisieren.

Mischen des Obstsalats.

# Obstsalat

Die beim Tisch filetierten und kleingeschnittenen Früchte für den Obstsalat werden in eine geeiste Glasschüssel gelegt. Zuerst werden die Zitrusfrüchte vorbereitet, dann kommen die Früchte, die leicht durch den Luftsauerstoff anlaufen (oxydieren). Dies sind Birnen, Äpfel und Bananen. Diese Früchte müssen gleich nach dem Filetieren mit Zitronensaft beträufelt werden. Als nächstes legt man die anderen Früchte in die Schale und vermischt sie vorsichtig mit einem Vorlegebesteck oder Salatbesteck. Das Aromatisieren mit einer Spirituose ist Geschmackssache. Jedenfalls sollte der Obstsalat nicht mit Alkohol überwürzt werden, denn dies fördert nicht das Aroma der Früchte, sondern überlagert den eigentlichen Fruchtgeschmack. Wenn der Fruchtsalat gesüßt werden soll, dann nimmt man dazu Läuterzucker oder Puderzucker. Auch mit dem Zucker sollte vorsichtig umgegangen werden.

Der Fruchtsalat wird in einer Glasschale oder auf einem Teller angerichtet. Immer häufiger wird auch ein tiefer Teller zum Anrichten benutzt; dieser wird dann mit einer Manschette auf einen großen flachen Teller gesetzt. Diese Anrichteweise ist vorteilhaft für den Speisenden.

Garniert wird mit Schlagsahne, Mandelsplittern, Pistazienkernen und ähnlichem.

Auf Wunsch des Gastes kann Vanilleeis zum Obstsalat gereicht werden.

Ob man eine Speise Salat oder Cocktail nennt, ist eine Frage der Anrichteweise. Die in einem Glas oder einer Schale angerichtete Speise nennt man Cocktail, die auf einem Teller angerichtete nennt man Salat.

Zutaten:
Zitronen, Zitronensaft, Staubzucker, Läuterzucker, feiner Kristallzucker.

Zutaten zum Garnieren:
Erdbeeren, Kirschen, Himbeeren, gehackte Nüsse, Mandelsplitter, gehobelte Mandeln, Schlagsahne, Speiseeis.

Zutaten zum Aromatisieren:
Grand Marnier, Maraschino, Cointreau, Weinbrand, Cognac, Kirschwasser, Himbeergeist, Rum.

Hinweis:
Jegliches Obst muß gesäubert und gewaschen aus der Küche kommen. Äpfel, Birnen, Weintrauben und Erdbeeren werden jedoch nochmals in einer Schale mit klarem frischem Wasser abgespült und mit der Serviette getrocknet.

Die Äpfel und Birnen hält man mit dem Vorlegebesteck im Zangengriff vorsichtig fest. Für das Eintauchen der Erdbeeren und Weintrauben in das Wasser benutzt man ebenfalls das Vorlegebesteck.

*1. Methode:* Nachdem die Kuppe an der Blüte abgeschnitten ist, wird die Orange geschält.

Die zweite Kuppe wird entfernt und die Orange in Spalten geschnitten.

*2. Methode:* Die Kuppe wird abgeschnitten und die Orange geschält.

Die Orange in dünne Scheiben schneiden.

# Filetieren von Orangen

Wie bereits beschrieben, nimmt man die Orange mit dem Vorleger, legt sie auf das Tranchierbrett und schneidet jeweils an beiden Enden eine Scheibe in der Stärke der Orangenschale ab.

Nun schält man die Orangenschale – ähnlich wie die Apfelschale – spiralförmig ab, oder man schneidet von oben nach unten die Schale herunter.

Bei beiden Methoden ist darauf zu achten, daß die feine weiße Haut zwischen der Schale und dem Orangenfleisch mit entfernt wird.

Nun kann man den natürlichen Spalten der Orangenfilets folgen und sie einzeln zur Mitte hin keilförmig teilen. Man kann die Orange auch in gleichmäßige dünne Scheiben schneiden.

Für einen Orangensalat legt man die Filets oder Scheiben in eine Glasschale oder arrangiert sie säuberlich auf einen Teller.

In beiden Fällen parfümiert man sie mit Cointreau oder Grand Marnier und streut Puderzucker darüber.

Für einen Obstsalat schneidet man die Orange in kleine Stücke.

Die Grapefruit wird auf dem Brett quer zur Blüte halbiert.

Mit dem Grapefruitmesser werden die Kerne entfernt.

Mit dem gleichen Messer schneidet man das Fruchtfleisch von der Schale.

Dann löst man die Filets ab.

# Grapefruit

Wird Grapefruit für einen Obstsalat genommen, wird diese wie eine Orange geschält und filetiert.

Bevorzugt wird sie von den Gästen aus der Schale gegessen. Dazu wird das Fruchtfleisch in der Schale gelöst. Dies geschieht folgendermaßen: Man schneidet die Grapefruit in zwei Hälften, nimmt dann eine Hälfte, fährt mit dem Grapefruitmesser zwischen Schale und Fruchtfleisch und löst dieses durch kreisförmiges Schneiden von der Schale. Mit dem Messer entfernt man nun die Kerne und schneidet, der natürlichen Einteilung folgend, die Filets ein.

Nun kann der Gast nach Belieben Zucker auf die Frucht streuen, die Grapefruitstückchen mit dem Grapefruitlöffel herausholen und essen.

Mit der zweiten Hälfte wird ebenso wie mit der ersten verfahren. Sie wird als zweiter Service eingesetzt.

# Ananas

Die Ananasringe können auf einen Teller zum Dessert arrangiert werden. Dazu parfümiert man sie mit einer entsprechenden aromatischen Spirituose – Cointreau, Grand Marnier, Rum oder Kirschwasser –, bestreut sie mit (Puder-)Zucker und garniert sie mit Früchten, Kirschen, Erdbeeren u. a. Dazu reicht man flüssige oder geschlagene Sahne. Auch Speiseeis kann dazu angeboten werden.

Zum Obstsalat oder zum Ananascocktail schneidet man nicht allzu große Stücke.

Nimmt man das ganze Fruchtfleisch mit dem Strunk aus der nur wenig beschädigten Schale, dann kann diese als sehr dekoratives Gefäß benutzt werden, indem man sie auf gestoßenes Eis setzt und mit Ananasstücken, Obstsalat, eventuell auch mit Vanilleeis, dem Ananasstücke untergemengt worden sind, füllt. Der abgeschnittene Blätteransatz findet für die Dekoration Verwendung.

Der Blütensatz wird abgeschnitten.

Die Schale wird von oben nach unten geschält.

Senkrecht werden Scheiben geschnitten.

Der Fruchtkern wird herausgeschnitten.

## Filetieren der Ananas

*1. Methode*

Man legt die Ananas auf das Tranchierbrett, hält sie mit der linken Hand fest und schneidet mit der rechten den Blätteransatz etwas großzügig ab.

Nun stellt man die Frucht senkrecht auf das Tranchierbrett, hält sie mit der Gabel im Strunk fest und schält von oben nach unten die Schale bis auf den Sockel herunter.

Dann legt man die Ananas auf das von den Schalen befreite Brett, sticht mit der Gabel in den verbliebenen Sockel und schneidet etwa 2 cm dicke Scheiben.

Jetzt wird der holzige Strunk entfernt, indem man ihn entweder mit einem Ausstecher herausnimmt oder mit dem Messer aussticht.

Der Ananas wird großzügig der Blätteransatz abgeschnitten.

Mit dem Feinschnittmesser sticht man von oben bis zum Sockel und löst rundherum das Fruchtfleisch von der Schale.

Mit dem Messer kurz oberhalb vom Sockel die ganze Frucht waagrecht durchschneiden.

Mit der Gabel zieht man den „Zylinder" heraus und schneidet jeweils mit einem waagrechten Schnitt vom Fruchtfleisch Scheiben ab.

## Filetieren der Ananas

*2. Methode*

Nachdem der Blätteransatz großzügig abgeschnitten ist, stellt man die Ananas auf das Tranchierbrett und fährt mit dem Tranchiermesser, das eine lange Klinge haben muß, zwischen die Schale und das Fruchtfleisch, sticht dabei bis auf den Sockel herunter und schneidet das Fruchtfleisch mit dem Kern wie einen Zylinder aus; dabei dreht man die Ananas ein wenig gegen die Messerklinge.

Ist der Schnitt ausgeführt, sticht man über dem Boden der Ananas waagrecht durch die Schale, schneidet dabei den Strunk in der Mitte durch und löst somit das Fruchtfleisch. Dabei sollte der Einschnitt durch die Schale nicht unnötig vergrößert werden.

Nun lassen sich Zylinder, Fruchtfleisch und Strunk herausnehmen. Hierzu benötigt man eine Gabel, die man in den Strunk sticht. Mit der linken Hand hält man die Ananas fest und zieht mit der rechten den Zylinder heraus. Man kann dazu auch einen eleganten Korkenzieher benutzen, der aber für keinen anderen als nur für diesen Zweck verwendet werden darf. Man dreht den Korkenzieher in den Kern und zieht ihn mit dem Fruchtfleisch heraus. Werden nur eine oder zwei Scheiben der Frucht benötigt, dann schneidet man von dem etwas herausgezogenen Fruchtfleisch die gewünschte Anzahl an Scheiben ab und läßt den Rest zurück in die Schale gleiten. Die weitere Behandlung der Ananasscheiben geschieht in der bereits beschriebenen Weise.

## Filetieren der Ananas

Der Blütenansatz wird abgeschnitten.

Quer zur Frucht schneidet man etwa 2 cm dicke Scheiben.

Man entfernt die Schale, indem man rundherum das Fruchtfleisch von der Schale trennt.

*3. Methode*

Auch bei dieser Methode wird der Blätteransatz großzügig abgeschnitten.

Darauf schneidet man etwa 2 cm dicke Scheiben mit der Schale ab. Man löst die Schale, indem man mit der Messerspitze zwischen Schale und Fruchtfleisch rund um die Scheibe fährt. Die Schale entfernt man mit dem Vorleger.

Den Fruchtkern in der Mitte nimmt man, wie bereits beschrieben, mit dem Ausstecher heraus oder schneidet ihn mit dem Messer aus.

Der Fruchtkern wird herausgeschnitten.

Die schwarzen Stippen werden ebenfalls entfernt.

Zuerst werden die beiden Kappen abgeschnitten.

Dann schneidet man von oben nach unten die Schale ab.

Mit einem Ausstecher wird das Kerngehäuse entfernt.

Die Frucht wird in nicht zu dicke Spalten geschnitten. (Man kann die Frucht auch quer in dünne Ringe schneiden.)

# Apfel und Birne

*1. Methode*

Man kappt am Blüten- und Stielende jeweils eine Scheibe ab und stellt die Frucht auf das Brett. Mit der Obstgabel hält man sie fest und schält von oben nach unten die Schale ab.

Das Kerngehäuse kann man mit dem Ausstecher entfernen; man kann das Obst auch vierteilen und das Kerngehäuse mit dem Obstmesser herausschneiden. Ist das Gehäuse entfernt, schneidet man kleine Spalten oder auch kleine Stücke für den Obstsalat.

*2. Methode*

Von der sauberen, einwandfreien Frucht schneidet man eine etwas dickere Scheibe an der Blüte und am Stiel ab, sticht dann durch die Blüte in das Kerngehäuse und schält, am Stiel beginnend, die Schale zur Blüte hin spiralförmig ab, wobei man die Frucht in bequemer Höhe über dem Tranchierbrett hält. Das Gehäuse kann mit einem Ausstecher entfernt werden. Hierzu setzt man die Frucht auf das Brett und drückt den Ausstecher von oben nach unten durch.

Nun legt man das Obst auf die Seite und schneidet nicht zu dicke Scheiben ab. Die so entstandenen Ringe richtet man gefällig auf einem Teller an.

Die Netzmelone wird auf dem Brett quer halbiert.

Mit dem Löffel entfernt man die Kerne.

In die Höhlung der halbierten Netzmelone kann Südwein gefüllt werden.

# Netzmelone

Die Netzmelone ist etwas kleiner als die Honigmelone, kann jedoch ebenfalls wie die Honigmelone zubereitet werden.

Besonders beliebt ist es, die Netzmelone in der Schale mit Portwein oder Madeira zu servieren.

Hierzu schneidet man sie quer in Hälften, entfernt die Kerne und füllt in die nun entstandenen Höhlungen den gewünschten Südwein.

Damit die Melone fest auf dem Teller steht, werden beide Kappen abgeschnitten. Der Gast ißt mit einem Mittellöffel das Melonenfleisch zusammen mit dem Portwein aus der halben Frucht.

Meistens wird nur eine Hälfte dem Gast serviert.

# Honigmelone

Die Honigmelone wird im allgemeinen geeist in das Restaurant gebracht, d. h., die Früchte kommen gekühlt auf gestoßenem Eis in einer Glasschale zum Service auf den Beistelltisch.

Man nimmt die Melone und legt sie auf das Tranchierbrett, schneidet an der Blüte und am anderen Ende jeweils eine Scheibe ab, setzt die Frucht auf das Brett und schneidet sie in Hälften von oben nach unten. Dann entfernt man mit einem Löffel die Kerne und legt diese auf einen separaten Teller. Die Hälften werden längs in sichelförmige Tranchen geschnitten. Sollen die Tranchen auf einem Teller angerichtet werden, dann löst man das Fleisch von der Schale, indem man mit dem Messer zwischen Fruchtfleisch und Schale fährt, dabei aber darauf achtet, daß Fleisch und Schale optisch noch eine Einheit bilden. Senkrecht schneidet man nun das Fruchtfleisch in kleine Stücke, die man mit dem Vorlegebesteck gegeneinander versetzt. Die so gestalteten Schiffchen setzt man auf den kalten Teller.

Für den Obstsalat werden die Melonenstücke zu den anderen Früchten in die Schale gelegt.

Man legt die Honigmelone auf das Brett und schneidet die Kappen ab.

Dann schneidet man die Honigmelone senkrecht von oben nach unten in zwei Hälften.

Mit einem Löffel werden die Kerne entfernt.

Die entkernte Honigmelone kann z. B. mit Portwein gefüllt werden.

Melonenviertel werden nochmals halbiert, so erhält man aus einer Frucht acht Tranchen.

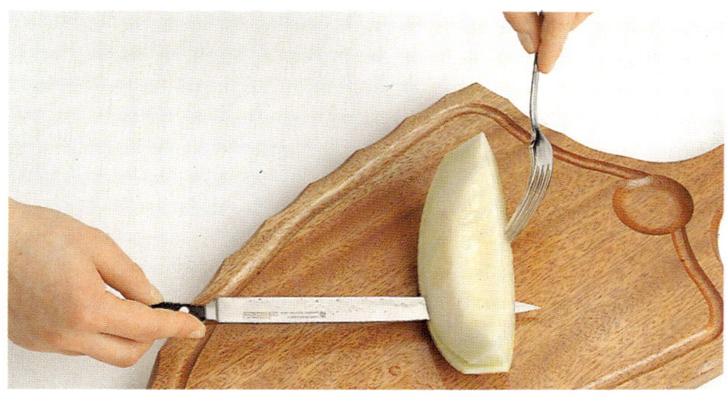

Mit dem Messer schneidet man über der Schale das Fruchtfleisch ab.

Dann schneidet man senkrecht zur Schale mundgerechte Stücke.

Die losen Stücke schiebt man mit dem Vorlegelöffel und der Gabel dekorativ zu einem Schiffchen.

Die Kiwi wird dünn geschält ...

... und in feine Scheiben geschnitten.

# Kiwi

Die Kiwi wird wie ein Apfel geschält und in Scheiben geschnitten. Das Grün des Fruchtfleischs eignet sich sehr gut als Kontrastfarbe bei einer Garnitur.

# Banane

Man legt die Banane auf das Tranchierbrett, hält sie mit der Gabel fest und schneidet mit dem Messer an beiden Enden etwa 2 cm dicke Stücke ab. Dann schneidet man die Bananenschale in der Mitte der Länge nach auf beiden Seiten durch. Nun kann man mit den Zinken der Gabel die Schale fassen und abziehen, indem man die Gabel nach hinten dreht und die Schale abrollt. Die nun freiliegende Hälfte der Banane beträufelt man mit Zitronensaft.

Wird die Banane zum Flambieren vorbereitet, nimmt man zunächst die obere Hälfte der Frucht ab, dann teilt man die noch in der Schale befindliche andere Hälfte, indem man sie mit einem Längsschnitt durch den noch verbliebenen Teil der Schale in möglichst gleichmäßige Hälften zerlegt.

Wird die Banane für Obstsalat verwendet, dann schneidet man die auf der verbliebenen Schale befindliche Banane in nicht zu dünne Scheiben, dreht sie auf die andere Seite und zieht die Schale ab.

Die Scheiben werden mit dem Vorleger zu den anderen Früchten in den Obstsalat gelegt und vorsichtig daruntergehoben.

Möchte man die Bananenscheiben auf einem Teller als Dessert anrichten, dann hebt man die Banane mit dem Vorleger auf den Teller, dreht sie auf die andere Seite und zieht die Schale auf die beschriebene Weise ab.

Die Bananenscheiben liegen nun schön angeordnet auf dem Dessertteller.

Zuerst werden die beiden Enden abgeschnitten.

Dann schneidet man die Schale längs ein.

Mit der Gabel rollt man die Schale ab.

Auf der unteren Schale wird die Banane in dünne Scheiben geschnitten.

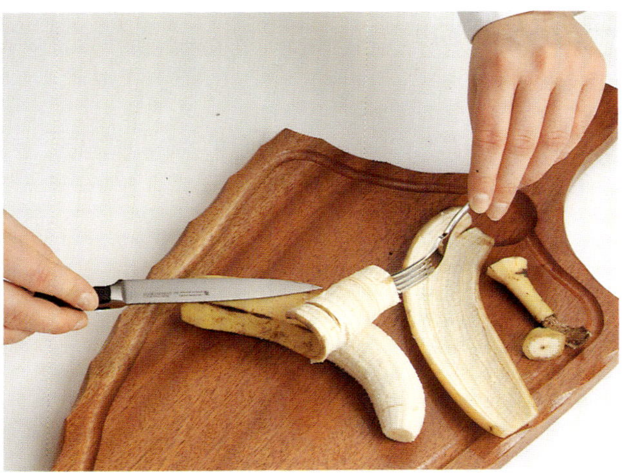

Die Banane wird umgedreht und die restliche Schale abgezogen.

Vor uns liegen gleichmäßig geschnittene Bananenstücke. Die Abfälle werden auf den Ablageteller gelegt.

Mit der Traubenschere schneidet man die benötigte Menge an Beeren ab.

Die abgeschnittenen Beeren mit der Gabel durch die Wasserschale ziehen.

# Weintrauben

Im Restaurant finden blaue und grüne Trauben Verwendung, deren Schale nicht ledrig, d. h. nicht zu fest ist, denn harte, ledrige Schalen sind ungenießbar.

Von der Traube wird die benötigte Menge mit der Traubenschere abgeschnitten, sodann, von der Gabel gehalten, in der Wasserschale gewaschen und mit der Serviette abgetrocknet.

Mit der Gabel zieht man dann die einzelnen Beeren von den Rappen (Geäst) und halbiert sie. Nachdem man mit der Spitze eines Officemessers die Kerne entfernt hat, werden die Beeren unter den Obstsalat oder zur Garnitur gegeben.

Wenn es nötig ist, werden die Kerne entfernt. Bei Erdbeeren werden Stiel und Blätter abgeschnitten.

Die Erdbeeren werden in Scheiben geschnitten.

# Erdbeeren

Die frischen Erdbeeren werden dem Obstkorb entnommen oder kommen gekühlt aus der Küche.

Man entfernt mit der Gabel Blätter und Stiel. Größere Früchte werden halbiert oder geviertelt. Sie müssen auf dem Beistelltisch vor dem Zerschneiden noch einmal in klarem Wasser gewaschen werden; mit dem Vorlegebesteck hält man sie, und mit der Serviette trocknet man sie ab.

Man gibt sie zum Obstsalat oder richtet sie in einer Glasschale an. Sie werden mit Zitronensaft mariniert, auf Wunsch des Gastes gezuckert. Dazu kann Vanilleeis und/oder flüssige oder Schlagsahne gereicht werden.

# Käse

# Käseservice

In einem guten Restaurant gehört das Käseangebot zur besonderen gastronomischen Leistung.

Ausgesuchte internationale Käsesorten bieten eine große Palette der verschiedensten Geschmacksrichtungen, die durch die Herkunft und die Käsebereitung bestimmt werden.

Bei hochwertigen Käsesorten, die nicht aus pasteurisierter Milch hergestellt werden, ist für den Geschmack ausschlaggebend, welches Tier auf welchem Weidegrund Nahrung aufnimmt und dann die Milch liefert, die zu Käse verarbeitet wird, welche Arbeitstechnik sowie Methode der Melker anwendet und außerdem die Art der Lagerung und die Dauer der Reife.

Viele Faktoren bestimmen den Geschmack, der die einzelne Käsesorte auszeichnet.

Es ist wie beim Wein: Rebsorte, Klima, Boden und Können des Winzers machen die Weinqualität aus.

Wein und Käse harmonieren geschmacklich, wenn bei den Produkten die Gaben der Natur und das Können der Menschen sich ergänzen und das Beste aus dem Urprodukt gemacht wird.

Seine Vollendung erfährt der Wein wie auch der Käse durch einen guten, fachgerechten Service im Restaurant. Käse im richtigen Reifegrad und Wein mit der richtigen Temperatur serviert, sind besondere Genüsse für jeden Gourmet.

# Käseservierwagen

Optimal geeignet für den Käseservice sind Käseservierwagen, welche in verschiedenen Modellen angeboten werden.

Eine gute Variante sind runde Wagen, die mit einer runden Mamorplatte und mit einer versenkbaren Käseglocke ausgestattet sind.

Ein abklappbares Tellertablett und ein Bord mit Gallerie vervollständigen die praktische Einrichtung.

Klimatisierte Käseservierwagen, wie zum Beispiel der „Fromagair", sind für den gehobenen Service eine erstklassige Empfehlung.

Die angerichteten Präsentationsplatten werden im Klimaschrank bereitgehalten und bei Servicebeginn in den Wagen gesetzt.

So kann der Käse im richtigen Reifegrad angeboten werden.

Eine sehr gute praxisbezogene Ausstattung gewährleistet einen guten Service.

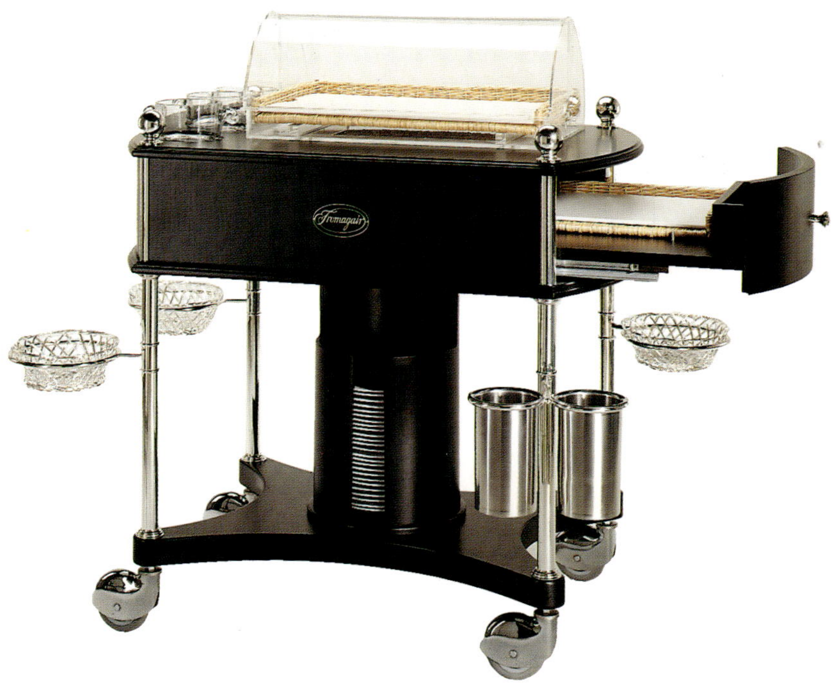

# Käsesorten

Die Einteilung der unterschiedlichen Käsesorten kann nach verschiedenen Gesichtspunkten erfolgen.

- Nach Geschmack: von zart-mild bis kräftig-würzig.
- Nach Milchart: Kuhmilch, Schafmilch, Ziegenmilch, Milchmischungen.
- Nach Herstellung: Süßmilch, Sauermilch.
- Nach Festigkeit: extrahart, hart, Schnitt-, Weich-, Frischkäse.
- Nach Fettgehalt: von der Magerstufe bis zum Doppelrahmkäse.

Die Käsesorten werden wie folgt eingeteilt:

A. Süß- oder Labkäse

1. *Hartkäse*

Emmentaler
Parmesan
Cheddar
Sbrinz
Greyerzer
Comté
Grana padano

2. *Schnittkäse*

Edamer
Gouda
Tilsiter
Wilstermarsch

3. *Halbfester Schnittkäse*

Butterkäse
Edelpilzkäse (Roquefort, Gorgonzola, Stilton, Bavaria blu)

4. *Weichkäse*

Camembert
Brie
Romadur
Münster

B. Sauermilchkäse

Harzer
Mainzer
Korbkäse
Spitzkäse
Stangenkäse

C. Frischkäse

Gervais
Le Tartare
Philadelphia
Boursin
Mozzarella di bufala
Schichtkäse
Streichquark

D. Schmelzkäse

verschiedene Konsistenz

E. Käsezubereitung

alles, was nicht unter A, B, C, D einzuordnen ist

Die Trockenmasse ist der wasserfreie Anteil im Käse. Weichkäse haben einen geringen Anteil an Trockenmasse, harte und extraharte Käse einen sehr hohen Anteil. Der Fettgehalt von Käse richtet sich nach dem prozentualen Fettanteil in der Trockenmasse. Magerkäse z. B. hat weniger als 10 % Fett in der Trockenmasse (i. Tr.), Doppelrahmkäse mindestens 60 % i. Tr.

# Mise en place

Zur Mise en place gehören:
- das Käsemesser mit zwei Spitzen
- das breite Käsemesser zum Brechen von Extrahartkäse
- der Käsehobel
- der Käseschaber
- Vorleger
- Mittelteller oder große Teller

Die Garnitur zum Anrichten:
- Oliven, Walnüsse
- weiße und rote Weintrauben
- Salzgebäck
- Rettich, Radieschen, Tomatenecken

Beilagen:
- verschiedene Brotsorten
- Butter
- Gänseschmalz

Anrichten und Servieren:

Die Restaurantfachkraft muß die einzelnen Käsesorten kennen, die auf dem Präsentationstablett angerichtet sind.

Als Orientierungshilfen dienen ihr und dem Gast kleine, gut lesbare Schildchen mit dem Namen der Käsesorten.

Eine große Hilfe für die Mitarbeiter im Restaurant und in der Küche ist eine umfassend angelegte Käsekartei. Sie soll alle wichtigen Angaben über jede Käsesorte enthalten:

Name, Herkunft, Region, Milchsorte, Herstellung, Fettgehalt, Geschmack, Beilagen, Weinempfehlung und besondere Merkmale.

Auf der Käseplatte und auf dem Teller werden die Käsesorten im Uhrzeigersinn dem Geschmack nach angerichtet: vom milden bis zum stark-würzigen, wobei man mit dem milden Käse beginnt und diesen auf die zum Gast hin zeigende Tellerseite legt.

Hinweis:

Um einen sauberen Service zu gewährleisten, müssen die gebrauchten Käsemesser des öfteren ausgewechselt werden.

Zu jedem Gästetisch sollte man mit sauberen Vorlegern und Käsemessern fahren.

# Käse servieren

Dem Gast wird mit der Präsentation des Käsebretts der Käse angeboten und erklärt. Die Restaurantfachkraft richtet dann der Wahl des Gastes entsprechend den Teller an und serviert ihn.

Käse wird immer zusammen mit der Rinde serviert. Der Gast schneidet bei den meisten Käsesorten die Rinde selbst ab. Nur bei wenigen Käsen wird die Rinde mitgegessen.

Auf dem Brett liegen die einzelnen Käsestücke nach Möglichkeit in der Originalpackung oder im Originalpapier mit dem Etikett, so daß der Gast die Originalität der Käsesorten erkennen kann.

Auf Stanniol sollte möglichst verzichtet werden.

Nach dem Service werden die Schnittstellen mit Plexiglasscheibchen oder mit Klarsichtfolie abgedeckt.

Die Käsestücke auf dem Brett sind als geometrische Figuren zu präsentieren, und dementsprechend ist die Schnittführung beim Portionieren.

# Schnittführung:

Die Kunst, Käse richtig zu schneiden, entspricht den Regeln der klassischen Geometrie. Folgt schon die Herstellung der Laibe in ihren runden, eckigen, konischen, kugelförmigen und zylindrischen Formen diesen Gesetzen, sollte sich auch die Schnittführung danach richten. Sie ist aus den untenstehenden Abbildungen ersichtlich.

*Käsebrechen*

Hartkäsesorten wie der italienische Parmesan oder der Parmigiano-Reggiano können mit dem starken Käsebrechmesser in grobe Stücke gebrochen werden. Diese ißt der Gast mit den Fingern.

*Käseschaben*

Der Schweizer Käse Tête de moine hat eine zylindrische Form.

Man schneidet ihn nicht, sondern schabt ihn mit dem Käsemesser oder dem Käseschaber. Dadurch entwickelt sich sein Aroma besser.

Es wird ein bis zu 1 cm dicker Deckel abgeschnitten und zusätzlich so viel Rinde entfernt, wie man beabsichtigt abzuschaben.

Durch ständiges Drehen des Käses und entgegengerichtetes Schaben bekommt man schöne Käserosetten. Die Handschabmaschine vereinfacht das Verfahren.

Das Käseschaben kann auf dem Beistelltisch *beim* Tisch des Gastes geschehen.

Ein Servierwagen wird nicht die notwendige Standfestigkeit haben.

*Käsehobeln*

Als Hobelkäse ist der Schweizer Extrahartkäse Sbrinz bekannt.

Der Käsehobel sollte weniger *beim* Tisch des Gastes eingesetzt werden. Er ist besser auf einem stationären Käsebüfett plaziert.

Die keilförmig vorgeschnittenen Käsestücke lassen sich sehr gut mit dem Hobel in hauchdünne Tranchen schneiden, die von den Gästen, z. B. auch wie Bündner Fleisch, mit den Fingern gegessen werden.

*Keilförmige Käsestücke*

Keilförmige Käsestücke schneidet man zur Spitze hin quer, das letze Drittel schneidet man in Längsrichtung.

*Runde Käse*

Kleine runde oder halbrunde Käse schneidet man in keilförmige Stücke.

Größere runde, tortenförmige Käse schneidet man in tortenähnliche Stücke, die man, wie hier bereits beschrieben, von der Spitze her quer und im letzten Drittel längs schneidet.

*Käsestücke in Blockform*

Bei Hart- oder Schnittkäsestücken, die in Blockform vorgeschnitten sind, werden von der schmalen Seite dünne Tranchen abgeschnitten, die man eventuell noch halbieren kann.

*Ovale und stangenförmige Käse*

Ovale und stangenförmige Käse, also auch Käse in Rollenform, werden quer in nicht zu dicke Scheiben geschnitten.

*Rotschmierekäse:*

Die sogenannten Rotschmierekäse sind zur Reifung mit einer rötlichen, feuchten, schmierigen Schicht überzogen, welche vor dem Servieren mit dem Käsemesser abgeschabt wird.

Der Rotschmierekäse wird seiner geometrischen Figur entsprechend geschnitten und mit der dünnen Rinde serviert.

Die Rinde wird vom Käseliebhaber mitverspeist.

*Käse in Kugelform*

Der holländische Edamer wird oft in Kugelform angeboten.

Kugelförmige Käse werden zunächst halbiert. Die Hälften schneidet man keilförmig ein. Sind die Keile von größeren Kugelkäse zu groß, als daß man Portionsstücke daraus schneiden könnte, so schneidet man die Keile nochmals in Querstücke.

Die Wachs- oder Paraffinschicht wird mitserviert.

*Pyramidenstumpf* Foto: Sopexa, Düsseldorf

Käse mit dieser Form sind Ziegenkäse. Er besitzt eine dunkle oder auch helle Ascheschicht. Man trennt jeweils ein Viertel dieses Pyramidenstumpfs mit von oben nach unten geführten Schnitten ab, und davon wiederum schneidet man senkrechte Tranchen, welche nach Bedarf noch einmal zerkleinert werden.

*Vacherin*

Der Vacherin Mont d'Or wird keilförmig geschnitten. Die Schnittflächen werden mit Plastik-, Glas- oder Holzplättchen abgedeckt, um das Ausfließen des Käses zu verhindern. Nur in Ausnahmefällen kann der vollreife, fließende Vacherin Mont d'Or mit dem kleinen Löffel serviert werden.

# Anmachen von Käse

Das Zubereiten von Käse beim Tisch des Gastes nennt man „anmachen".

Hierfür eignen sich folgende Käsesorten:

- Gervais
- Camembert
- Roquefort
- Stilton

Zur Mise en place benötigt man einen Beistelltisch, Vorlegebesteck und kalte flache Teller.

Die benötigte Käsemenge kommt mit den dazu passenden Beilagen auf einer Platte angerichtet aus der Küche.

Wenn mit einem Käsewagen gearbeitet wird, dann findet man alles auf diesem Wagen.

Für jede der genannten Käsesorten gibt es einige Abwandlungen der Rezepturen.

Der Gast sollte vor der Zubereitung über die von ihm gewünschten Zutaten befragt werden.

Die Restaurantfachkraft sollte vermeiden, für mehrere Personen den Käse individuell anzumachen. Der Zeitaufwand wäre zu groß.

## Zutaten für verschiedene Käsesorten

*Für den Gervais:*

Butter, feingehackte Zwiebeln, weißer Pfeffer aus der Mühle, Salz, feingeschnittener Schnittlauch, Petersilie, Kümmel, edelsüßer Paprika.

*Für den Camembert:*

Butter und Öl, feingehackte Zwiebeln, weißer Pfeffer aus der Mühle, Salz, Kümmel, edelsüßer Paprika.

*Für den Roquefort:*

Butter, Öl oder flüssige Sahne, weißer gemahlener Pfeffer, Salz, Cognac oder Amontillado.

*Für den Stilton:*

Portwein, Öl und Butter, etwas weißer Pfeffer aus der Mühle, wenig Salz.

## Arbeitsweise

- die Käsemenge mit dem Vorleger auf einen großen flachen Teller heben;
- mit der Butter, dem Öl oder etwas flüssiger Sahne den Käse geschmeidig machen, indem man ihn mit der Gabel zerdrückt und die gewünschten Zutaten daruntermischt;
- die Gewürze und anderen Zutaten je nach Rezeptur hinzufügen;
- immer mit dem Löffel und der Gabel arbeiten;
- den angemachten Käse auf den flachen Teller legen;
- mit der Gabel die Portion formen und diese mit der zur jeweiligen Käsemischung passenden Dekoration garnieren;
- den fertig angerichteten Käse servieren und verschiedene Brotsorten und Butter dazu reichen

## Garnitur

Als Garnitur können verwendet werden: Weintrauben, Oliven, Radieschen, Staudensellerie, Zwiebelringe, Käsegebäck, Kräcker, Salzstangen.

# Servierwagen
# Teeservice

## Servieren vom Wagen

Das Servieren vom Wagen ist eine gute Möglichkeit, einen Teil des Restaurantangebots dem Gast direkt *beim* Tisch zu offerieren.

Eine wichtige räumliche Voraussetzung hierfür ist, daß die Restaurantfachkraft mit dem Angebotswagen bis zum Tisch des Gastes fahren kann, um ihm die Speisen und Getränke anzubieten und zu servieren.

Eine weitere Voraussetzung ist, daß die angebotene Ware einwandfrei präsentiert, das heißt sauber angerichtet ist.

Außerdem muß der Restaurantfachkraft die Gelegenheit gegeben sein, die notwendige Mise en place durchzuführen.

Ist der Servierwagen durch die Arbeit verunreinigt, oder sind die Speisen nicht mehr appetitlich angerichtet, muß der Wagen erst in der Küche oder im Office wieder hergerichtet werden, bevor er erneut am nächsten Gästetisch eingesetzt wird.

Den Servierwagen einzusetzen bietet sich an:

- für kalte Vorspeisen
- für Salate
- für Hauptgerichte
- für süße Desserts
- für Käse
- für Aperitifs
- für Digestifs
- allgemein für Getränke in Flaschen

Die Industrie bietet der Gastronomie hierfür die verschiedensten Wagentypen an. Es gibt Servierwagen für jeden Geschmack und für jeden Anspruch, von der einfachen und rein zweckmäßigen Ausstattung bis zur Luxusklasse.

Tranchieren und Servieren vom Wagen

## Ochsenbrustwagen

Unter dieser Bezeichnung werden Wärmewagen angeboten, die das Tranchieren von großen Fleischstükken oder das Zerlegen von ganzen Fischen *beim* Tisch des Gastes ermöglichen. Sie werden im Fachjargon Voiture genannt (frz. *voiture* = der Wagen).

Die Voiture wird meistens im Restaurantservice eingesetzt, weniger im Bankett.

Der Wärmewagen wird über ein Wasserbad mit Festbrennstoff beheizt.

Einsätze für Beilagen, eine versenkbare Abdeckhaube, ein Tranchierbrett aus Kunststoff, eine Ablage für das Tranchierbesteck und ein ausschwenkbares Tablett für die Teller sowie zwei Borde vervollständigen die praktische Ausstattung für den optimalen Einsatz.

Der Trancheur fährt den Wagen, auf dem sich neben dem zu tranchierenden Fleischstück auch die dazu passenden Beilagen und Saucen befinden, zum Tisch des Gastes.

Der Gast kann die Größe seiner Portion selbst bestimmen und die dazu angebotenen Beilagen zum Gericht zusammenstellen. Die Berechnung erfolgt entweder zu einem Festpreis pro Portion, oder sie richtet sich nach dem Verbrauch.

Das Tranchieren und Anrichten erfolgt nach den beschriebenen fachlichen Grundsätzen.

Ochsenbrustwagen.

Vom Wagen aus können folgende Fleischstücke angeboten werden:

- Tafelspitz
- Ochsenbrust
- Filetbraten
- Roastbeef
- Hochrippe
- Lammrücken
- Lammkeule
- Kalbsrücken
- Kalbskeule
- Jungschweinrücken
- Jungschweinkeule

Diese Aufzählung erhebt nicht den Anspruch der Vollständigkeit.

Hinweis:

Es ist nicht möglich, mehr als ein Fleischstück mit den passenden Beilagen auf dem Wagen anzubieten.

## Vorspeisenwagen

Er ist mit einer Kühlplatte ausgestattet. Sie hält mehrere Stunden die Speisen kühl. Die Platten sind auswechselbar. Der Vorspeisenwagen ist wie ein kleines Büfett auszustatten.

Die Speisen sollten in nicht zu großen Happen vorbereitet sein. Vorbereitete Cocktails, Canapés und fertige Salate, Terrinen und Pasteten, in Systemglasschalen und in Schüsseln angerichtet, sind nur einige Beispiele für eine gute Auswahl.

Die Berechnung kann à discrétion, also nach Belieben, pauschal oder auch direkt je nach Verbrauch erfolgen.

Vorspeisenwagen sind eine optimale Verkaufshilfe. Eine genaue Warenkenntnis und Geschicklichkeit beim Anrichten der Teller sind Voraussetzungen bei der Arbeit mit dem Vorspeisenwagen.

Vorspeisenwagen.

Flambierwagen.

## Flambierwagen

Die zum Flambieren benötigten Teile des Wagens werden mit Flüssiggas beheizt. Der Flambierwagen ist mit zwei Brennern ausgestattet. Die Flüssiggasflasche wird hinter einer Schranktür verborgen mitgeführt. Eine große Arbeitsfläche, ein abklappbares Tablett für Teller, zwei Schubladen für Bestecke, zwei Klappfächer für die Flambierpfannen und eine Abstellrinne mit einem Flammschutz für die Spirituosen machen den Flambierwagen zu einem optimal einsetzbaren Arbeitsgerät. Flambierwagen müssen den geltenden Sicherheitsvorschriften entsprechen.

## Servierwagen für Süßspeisen

Standardwagen lassen sich mit verschiedenen Aufbauten zu Servierwagen für Süßspeisen umfunktionieren.

Obst und Patisseriewaren, portioniert oder in Schüsseln, werden dekorativ angerichtet und *beim* Gästetisch vervollständigt.

Der Gast hat die Möglichkeit, seine Wahl direkt zu treffen und sich bei der Zusammenstellung seines Desserts von der Restaurantfachkraft beraten zu lassen.

Auch bei diesen Wagen spielt die Ausstattung eine wichtige Rolle.

Standardwagen der für Süßspeisen verwendet werden kann.

Kuchenwagen.

## Kuchenwagen

Der Kuchenwagen ist mit einer wartungsfreien Elektrokühlung versehen.

Eine mit einer nach zwei Seiten zu öffnenden Acrylglashaube und mit Acrylglasschiebetüren versehene Vitrine bietet eine gute Präsentationsmöglichkeit für diverse Kuchen.

Eine Besteckschublade und eine Arbeitsfläche ermöglichen eine praktische Handhabung dieses Servierwagens.

Das Vitrineninnere läßt sich mit Kaltlichtlampen beleuchten.

Getränkeservierwagen

Die Standardservierwagen lassen sich ohne weiteres durch verschiedene Kombinationsmöglichkeiten der Aufbauten und Einsätze auch zu Getränkeservierwagen umgestalten.

Aperitif- und Digestifwagen machen eine optimale Darbietung des Angebots möglich.

Mit dem Aperitifwagen, ausgestattet mit isolierten Einsätzen für Würfeleis und gekühlte Spirituosen, läßt sich eine gute Auswahl an Aperitifs *beim* Tisch des Gastes zubereiten und servieren.

Ebenso empfiehlt sich das Servieren von Digestifs mit einem Wagen, auf dem die repräsentativen Flaschen hochwertiger Spirituosen stehen, wodurch dem Gast Gelegenheit gegeben wird, sich durch Augenschein einen Digestif auszuwählen.

Die Restaurantfachkraft kann im direkten Verkaufsgespräch mit dem Gast ihre besonderen Fachkenntnisse auf diesem Gebiet nutzen.

Auf dem Servierwagen lassen sich die notwendigen Gläser mitführen.

Getränkeservierwagen.

Teewagen

Teewagen

Der Teewagen ist mit einer Heizplatte versehen, die durch zwei Festbrennstoffbrenner beheizt wird. Auf ihr wird das Wasser in einem hübschen Teekessel heiß gehalten. Eine Abstellfläche mit einer Gallerie ermöglicht das Mitführen verschiedener Teesorten, Spirituosen und weiterer Utensilien wie Kristallzucker, weißer und brauner Kandis, brauner Rohrzucker und Kaffeesahne.

Zwei Borde zum Abstellen von Gläsern, Tassen und weiteren Gegenständen und eine ausziehbare Arbeitsfläche erleichern das Anrichten.

Auf dem Teeservierwagen lassen sich auch sehr gut heiße Kaffeegetränke zubereiten, z.B. Irish Coffee.

# Teeservice

Der Teeservice *beim* Tisch des Gastes bedeutet optimale Teezubereitung und guten Service.

Der Teeservierwagen ist eine hervorragende praktische Voraussetzung hierfür.

Der Teekenner und -genießer weiß diesen Service zu schätzen, und die Restaurantfachkraft kann bei dieser Arbeit ihre fachliche Qualität unter Beweis stellen.

Für den eiligen Gast und den schnellen Service ist der Teeaufgußbeutel nicht wegzudenken. Aber auch hier gelten die Regeln der Teezubereitung.

Die Teezubereitung und das Teetrinken ist für den Liebhaber dieses Getränks eine wahrhafte Zeremonie.

Zu einem vollendeten Service gehören selbstverständlich auch die entsprechende Atmosphäre und folgendes Ambiente: feine Teeschalen aus Porzellan oder Steingut, ebenso gepflegte Tischwäsche und schöner Tischschmuck.

Für die Teezubereitung und für den Teeservice sind nachstehende Punkte zu beachten:

- Die Teekarte informiert über die angebotenen Teesorten.
- Die Auswahl der angebotenen Teesorten muß auf dem Wagen mitgeführt werden.
- Zur Mise en place gehören alle Zutaten, die für die individuellen Wünsche des Teetrinkers erforderlich sind: Kristallzucker, weißer und brauner Kandis, brauner Rohzucker, frische, ungesüßte, flüssige Sahne oder frische Vollmilch, frische Zitronenecken.
- Von den Spirituosen bieten sich Rum, Arrak und Weinbrand an.
- Die Teekannen aus Porzellan oder Ton sollten mit Siebeinsätzen aus dem gleichen Material versehen sein, die nach abgelaufener Ziehzeit herausgenommen werden können.

  Siebbeutel aus Stoff sollten *beim* Tisch des Gastes keine Verwendung finden, weil sie nach mehrfachem Gebrauch unansehnlich werden.

  Ebenso sind Tee-Eier gänzlich ungeeignet, da sich die Teeblätter darin nicht entfalten können.

  Sehr gut sind die Kippkannen, die vom Frankfurter Teehaus Ronnefeldt entwickelt wurden. Sie sind mit eingebautem Sieb ausgestattet. Der Tee wird auf das Sieb geschüttet und das heiße Wasser in die Kanne gegossen. Nach Ablauf der Ziehzeit wird die Kanne gekippt, dann hebt sich das Teesieb aus dem Tee, und die Ziehzeit ist beendet.
- Das auf dem Teewagen mitgeführte Wasser muß immer frisch sein und sprudelnd kochen.
- Teekannen sollen nur mit heißem Wasser ausgespült werden, nie mit einem Spülmittel, denn die Teerückstände, die sich an der Kanneninnenwand festsetzen, sind wie eine Patina und wirken wie eine Schutzschicht.
- Die Teekanne muß immer mit heißem Wasser vorgewärmt sein.
- Aromatisierte Teesorten sollten in extra dafür bereitgestellte Teekannen aufgegossen werden, denn ihre starken Aromen überlagern das feine Aroma der grünen und schwarzen Teesorten.
- Die benötigte Teemenge richtet sich nach der gewünschten Menge aufgegossenen Tees. Bei Blattee benötigt man einen gehäuften Teelöffel pro Tasse, bei Broken tea einen gestrichenen Teelöffel, ca. 1,5 g, pro Tasse. Die benötigte Menge verringert sich für jede weitere Tasse, für zwei Tassen sind es nur noch 2,4 g.
- Die Ziehzeit sollte bei Tee mindestens 2 Min. und nicht mehr als 5 Min. betragen. Bei einer kurzen Ziehzeit wirkt der Tee durch sein Thein anregend, bei einer längeren Zeit, also bis zu 5 Min., wird mehr Gerbsäure freigesetzt, wodurch der Tee beruhigender wirkt.

# Register

**R**



**S**



**T**



**V**



**W**



**Z**